Gitte Härter
Christine Öt

Initiativ bewerben

- **Erfolgreich aktiv werden**
- **Das perfekte Timing**

Über die Autorinnen

Christine Öttl und Gitte Härter waren fast ein Jahrzehnt im Management eines internationalen Medienkonzerns tätig, bevor sie sich Anfang 1999 mit dem Beratungs- und Trainingsunternehmen „objektiv." in München erfolgreich selbstständig machten. Ihre Beratungsschwerpunkte sind Selbstmanagement und -marketing sowie Karriere, Bewerbung und Führung.

→ Check-in

Sie möchten auf Ihre Fragen kurze, prägnante und vor allem verlässliche Antworten erhalten. Dieser GU Kompass bietet Ihnen schnelle Hilfe in allen Situationen, die kein langes Zaudern und Zögern gestatten. Ob unterwegs in der Jackentasche oder immer griffbereit am Arbeitsplatz: Jeder Titel dieser Reihe informiert Sie übersichtlich, aktuell, kompetent und lösungsorientiert.

- Jeder Sachverhalt wird auf einer Doppelseite geklärt. Suchen Sie Ihre Fragestellung, Ihr Stichwort, Ihr Problem im Inhaltsverzeichnis und steigen Sie einfach ein.
- Falls Sie unter großem Zeitdruck stehen und nur das Allernotwendigste nachschlagen möchten, halten Sie sich an das im Inhaltsverzeichnis optisch hervorgehobene „Last-Minute-Programm“. Es zeigt Ihnen, worauf Sie keinesfalls verzichten sollten.
- Nutzen Sie den Service-Teil mit seinen ergänzenden Dokumenten sowie weiterführenden Hinweisen zu Büchern und Adressen, um bestimmte Aspekte zu vertiefen.

Gerade in Zeiten hoher Arbeitslosigkeit gehen auf eine Stellenanzeige unzählige Bewerbungen ein. Werden Sie also aktiv und starten Sie eine Initiativbewerbung. Sie beweisen so, dass Sie motiviert sind und engagiert Ihre Ziele verfolgen – und das kommt bei Unternehmen immer gut an. Dieser Kompass zeigt Ihnen, welche Wege zum neuen Job erfolgversprechend sind und worauf es bei einer gelungenen Bewerbung ankommt. Er hilft Ihnen, Ihr Projekt „Initiativbewerbung“ professionell vorzubereiten, den richtigen Ansprechpartner mit einer ansprechenden Bewerbung zu überzeugen und auch im Vorstellungsgespräch durch aktives Vorgehen Punkte zu sammeln.

Inhalt

→ Last-Minute-Programm

Die wichtigsten Punkte im Überblick!
Die farblich und durch Pfeile → gekennzeichneten Abschnitt bilden das Last-Minute-Programm. Halten Sie sich daran, wen Sie sich auf das Notwendigste beschränken müssen.

Grundlagen

Vorgehensweisen

1. Initiativ, aber nicht blind

Die Zeiten, als man sich lediglich auf Stellenanzeigen bewarb, sind längst vorbei. Heute haben Sie am meisten Chancen, wenn Sie sich initiativ bewerben.

Möglichkeiten, aktiv zu werden

Vielleicht fällt Ihnen beim Stichwort „initiativ bewerben" nur das Verschicken einer Bewerbungsmappe auf gut Glück ein. Diese „Blindbewerbungen" sind jedoch nur eine Möglichkeit. Sich aktiv zu bewerben bedeutet, dass Sie der Welt sagen, dass Sie zu haben sind. Zum Beispiel indem Sie gezielt die Unternehmen beziehungsweise Branchen kontaktieren, die Sie am meisten interessieren, oder indem Sie Ihre Arbeitskraft in Form eines Stellengesuchs anbieten.
Weitere Möglichkeiten sind das Internet, Personalberatungen und -vermittler, Messen sowie – leider oft vergessen, obwohl sehr wirkungsvoll – Mundpropaganda.
Fahren Sie bei Ihrer Suche nach einem neuen Job möglichst immer mehrgleisig und beschränken Sie sich nicht auf einzelne Wege.

Wichtig

Nur weil ein Unternehmen keine Stellenanzeige schaltet, heißt das nicht, dass keine Mitarbeiter gesucht werden: Zum einen bekommen viele Unternehmen ohnehin täglich eine Menge Bewerbungen, so dass sie aus diesem Pool schöpfen können, und zum anderen nutzen Firmen mittlerweile oft auch andere Wege für ihr Personalmarketing. Außerdem ist alles eine Frage des Timings: Vielleicht plant man ja gerade zu einem späteren Zeitpunkt eine Neueinstellung und findet Ihre Bewerbung dafür interessant.

Im gesamten Bewerbungsprozess Initiative beweisen

Alleine die Tatsache, dass Sie in eigener Sache die Ärmel hochkrempeln, ist ein großes Plus für Sie! Es erhöht Ihre Chancen auf einen neuen Job – und außerdem kommen Eigeninitiative und Engagement bei Unternehmen gut an.
Wichtig ist jedoch, dass sich Ihre Initiative nicht auf die Kontaktaufnahme beschränkt. Gerade von Initiativbewerbern wird erwartet, dass sie sich während des gesamten Bewerbungsprozesses aktiv einbringen und Eigeninitiative nicht nur als persönliche Stärke in den Bewerbungsunterlagen angeben. Und Gelegenheiten, die Initiative zu ergreifen, gibt es genug: vom aussagekräftigen Anschreiben über das Vorstellungsgespräch bis hin zur Vertragsverhandlung.
Bevor Sie sich ans Werk machen, heißt es aber erst einmal, sich mit Ihren Zielen und Ihrer Person auseinander zu setzen. Denn nur wenn Sie wissen, wohin Sie wollen – und was Sie zu bieten haben –, können Sie die entsprechenden Schritte unternehmen, um Ihr Ziel zu erreichen.

Auf einen Blick

Ein weiterer Vorteil bei der Initiativbewerbung besteht darin, dass Sie in der Regel weniger Konkurrenz haben, als das bei Stellenanzeigen der Fall ist. Allerdings müssen Sie auch damit rechnen, mehr Absagen zu erhalten – denn schließlich sprechen Sie auch Unternehmen an, die aktuell keine freien Stellen zu besetzen haben.

2. Die Vorbereitung

Stellen Sie Ihr „Projekt Initiativbewerbung" von Anfang an auf ein starkes Fundament: durch eine intensive und professionelle Vorbereitung – denn sie ist das A und O jeder erfolgreichen Bewerbung.

Ihr Ziel ist, ein Unternehmen davon zu überzeugen, dass Sie eine qualifizierte, interessante und vielversprechende Persönlichkeit sind – und dass die Firma davon profitieren wird, wenn man Sie als Mitarbeiter/in gewinnt. Um sich aber überzeugend und souverän präsentieren zu können, sollten Sie sich gezielt auf den Bewerbungsprozess vorbereiten. Nutzen Sie die Vorbereitungszeit, um möglichst viel Klarheit über sich selbst und Ihre Wünsche zu gewinnen.

Tipp

Legen Sie konkrete Zeiten fest, um an Ihrem „Projekt Initiativbewerbung" zu arbeiten. Es ist sinnvoll, die Dinge nicht einfach auf sich zukommen zu lassen, sondern einen Zeitplan aufzustellen. Sie erhalten so eine gewisse Struktur und können den Bewerbungsprozess gut in Ihren Alltag integrieren. Außerdem fällt es so auch leichter, die nötige Disziplin aufzubringen und dranzubleiben.

Strukturiert vorgehen

Anstatt einfach loszulegen, sollten Sie vorher klären, wie Sie genau vorgehen wollen. Wesentliche Bausteine einer Bewerbung sind beispielsweise:

- Klarheit über sich selbst, die eigenen Ziele und Erwartungen gewinnen

- auf dieser Grundlage Firmen recherchieren beziehungsweise Kontaktpersonen ansprechen
- festlegen, welche Vorgehensweisen Sie nutzen wollen
- das Unternehmen eventuell schon im Vorfeld kontaktieren
- Bewerbungsunterlagen erstellen und verschicken
- sich auf ein Vorstellungsgespräch vorbereiten
- nachhaken ...

Auch wenn Sie sich von jemandem unterstützen lassen wollen (von einem Freund oder einem professionellen Coach), sollten Sie das rechtzeitig einplanen.

Schriftlich „denken"

Es ist sehr hilfreich, Wichtiges auf dem Papier festzuhalten, anstatt sich nur in Gedanken damit zu beschäftigen. Das gilt sowohl für den Zeitplan als auch für die inhaltliche Vorbereitung. Die Schriftform hilft Ihnen erstens dabei, strukturiert vorzugehen und den Überblick zu bewahren, und zweitens ist sie ein gutes Hilfsmittel, um sich intensiv Gedanken zu machen – über sich selbst, Ihren Werdegang, Ihre Motivation und Ziele.
Dabei ist es sehr wichtig, konkret zu werden. Hinterfragen Sie jeweils: Was meine ich damit genau? Warum möchte ich das? Was bringe ich mit? Was fehlt mir? Notieren Sie die Antworten auf diese Fragen wiederum schriftlich.

Auf einen Blick

Sich intensiv vorzubereiten hat viele Vorteile: Sie fühlen sich sicherer und können selbstbewusst auftreten. Sie haben eine gute Grundlage, um sowohl Ihre fachlichen als auch Ihre persönlichen Qualitäten zu präsentieren. Sie wissen, was auf Sie zukommt, lassen sich nicht so leicht aus der Ruhe bringen – und Sie überzeugen.

3. Gute Gründe haben

Von zentraler Bedeutung für eine gelungene Initiativbewerbung ist, dass Sie eine starke Motivation haben – und diese auch rüberbringen.

Warum möchten Sie bei uns arbeiten?

Es liegt auf der Hand, dass Unternehmen an der Motivation ihrer Bewerber interessiert sind: Schließlich brauchen sie Mitarbeiter, die sich mit der Firma und dem Produkt/der Dienstleistung identifizieren und sich voll einbringen wollen. Das gilt für Bewerbungen generell und für Initiativbewerbungen in ganz besonderem Maße.

Wichtig

Viele Personalentscheider legen sehr großen Wert darauf, dass die Motivation, sich gerade in ihrem Unternehmen zu bewerben, aus dem Anschreiben explizit hervorgeht – und sortieren Bewerbungsmappen sofort aus, in denen das nicht der Fall ist.

Machen Sie sich klar, welche Kriterien entscheidend sind bei der Auswahl

- der Unternehmen, zu denen Sie Kontakt aufnehmen wollen, und
- der Position, auf die Sie sich bewerben.

Es ist wichtig, dass Sie Ihre Motivation wirklich konkret benennen können. Je besser Sie wissen, aus welchen Gründen und mit welchen Zielen Sie sich bewerben, umso souveräner können Sie sich präsentieren – sowohl in den schriftlichen Unterlagen als auch im Vorstellungsgespräch.

Gründe benennen

Wenn Sie den Stellenmarkt durchblättern, gibt es Anzeigen, die Sie überhaupt nicht interessieren – auch wenn manche der angebotenen Positionen zu Ihrem Profil passen würden –, und es gibt andere, die Sie als interessant oder sogar als „Traumjob" bewerten. Hinterfragen Sie deshalb auch Ihre Auswahlkriterien: zum einen, weil Sie vielleicht zu schnell etwas aussortieren und damit eine Chance vergeben, und zum anderen, weil Sie so konkret bestimmen können, was Sie angesprochen und zur Bewerbung bewogen hat.
Gründe, die für eine bestimmte Stelle sprechen, sind:

- Der Tätigkeitsbereich klingt interessant: Wieso empfinden Sie so, was genau macht ihn interessant?
- Das gesuchte Profil passt zu Ihrem: Inwiefern? Passt es sowohl zu Ihrem Background als auch zu Ihren Zielen?
- Sie können Ihre Interessen einbringen oder bisher gemachte Erfahrungen vertiefen: weil das Fachgebiet dasselbe oder ein ähnliches ist oder weil es eine gute Ergänzung zu Ihrer bisherigen Tätigkeit darstellt.

Gründe, sich bei einer Firma zu bewerben, sind:

- die Branche
- die Größe des Unternehmens (Start-up, Konzern)
- Internationalität (Möglichkeit, ins Ausland zu gehen)
- die Organisationsstruktur
- die Dienstleistung oder das Produkt

Auf einen Blick

Klarheit über die eigene Motivation zu gewinnen und diese überzeugend rüberzubringen, ist wesentlicher Bestandteil einer gelungenen Initiativbewerbung. Deshalb ist es wichtig, dass Sie sich wirklich intensiv damit beschäftigen.

4. Wer bin ich?

Was sind Sie für ein Mensch? Damit sollten Sie sich bereits vor der Bewerbung beschäftigen, um sich gezielt zu bewerben und zu überzeugen.

Sich selbst kennen(lernen)

Es mag seltsam klingen, doch für viele Menschen ist es etwas Neues, sich intensiv mit sich selbst zu beschäftigen und auch konkret zu benennen, wie man ist.

Im Bewerbungsprozess wird leider viel zu häufig mit den „üblichen" Eigenschaften jongliert: Da behauptet jeder von sich, dass er kommunikativ ist und ehrgeizig und engagiert ... – ohne es auch an konkreten Beispielen belegen zu können! Einer der wichtigsten Aspekte für eine erfolgreiche Bewerbung ist, dass Sie sich damit auseinander setzen, wie Sie wirklich sind: So können Sie authentisch und sicher auftreten und vor allen Dingen mit Ihren echten Pluspunkten überzeugen.

Machen Sie sich am besten zu den folgenden Punkten schriftlich Gedanken:

- So bin ich: Nennen Sie fünf Eigenschaften, die Sie charakterisieren. (Antworten Sie möglichst spontan und seien Sie aufrichtig zu sich selbst. Es geht keineswegs darum, nur positive Dinge zu nennen – schätzen Sie sich einfach ehrlich selbst ein.)
- Sehen Sie sich Ihre fünf Eigenschaftswörter noch einmal an – und hinterfragen Sie jedes einzelne davon: Was genau meine ich damit? Was gehört zu dieser Eigenschaft dazu? Gibt es Beispiele dafür, dass ich so bin?
- So wäre ich gern: Nennen Sie nun fünf Eigenschaften, die Sie gerne hätten. Vielleicht ist diese Liste mit der oben identisch – vermutlich unterscheidet sie sich aber in einigen Aspekten.

- Gehen Sie jetzt Ihre „So wäre ich gern"-Eigenschaften noch einmal einzeln durch: Was genau bedeutet das für Sie? Was ist anders als in der Liste oben? Warum wären Sie gerne in dieser Hinsicht „anders"? Was möchten Sie gerne verändern und in welchem Maß? Gibt es Eigenschaften, die Sie überhaupt nicht an sich mögen? Dann sehen Sie etwas näher hin: Vermutlich gibt es nur bestimmte Aspekte dieser Eigenschaft, die Ihnen hinderlich scheinen. Welches sind die positiven Seiten dieser Eigenschaft? In welcher Hinsicht nützt Ihnen Ihr „Defizit"?

Eine Definition

Wenn Sie sich mit einem einzigen Satz selbst beschreiben sollten, wie würde der lauten?

Ich bin ....

Ist Ihnen die Beantwortung dieser Frage leicht gefallen? Oder haben Sie sich schwer damit getan – oder gar nur widerwillig drangesetzt? Eine wichtige Grundlage für Ihr erfolgreiches Auftreten ist auch, dass Sie hinter sich selbst stehen.

Wichtig

Wenn Sie andere Leute in Ihrem Umfeld nach ihrer Einschätzung fragen möchten: wunderbar! Doch tun Sie das bitte erst, nachdem Sie diese Fragen für sich beantwortet haben. Hier geht es zunächst einmal darum, dass Sie sich selbst einschätzen. Übrigens: Wenn Sie Freunde, Bekannte, Familie oder geschäftliche Kontakte um Feedback bitten möchten, dann tun Sie das am besten schriftlich in einer Art Fragebogen. Stellen Sie die Fragen möglichst offen und bitten Sie auch um nähere Erklärungen und Beispiele. Betonen Sie, dass es Ihnen wichtig ist, dass man Sie ganz offen und ehrlich einschätzt.

5. Was kann ich?

Was haben Sie Ihrem künftigen Arbeitgeber zu bieten? Über Ihre Fähigkeiten, Eigenschaften und Erfahrungen sollten Sie sich im Klaren sein – und Ihre Leistungen auch anerkennen.

Bilanz ziehen

Holen Sie sich Papier und Bleistift und machen Sie es sich gemütlich. Denken Sie einmal nicht an Bewerbungen, sondern konzentrieren Sie sich einfach auf eine Bestandsaufnahme in eigener Sache. Die folgenden Fragen helfen dabei:

- Meine fachlichen Stärken: Welche fachlichen Kenntnisse, Fähigkeiten und Eigenschaften haben Sie? Notieren Sie mindestens 10 fachliche Stärken und machen Sie ruhig weiter, wenn Ihnen mehr einfallen!
- Meine persönlichen Stärken: Welche Kenntnisse, Fähigkeiten, Eigenschaften haben Sie, die Sie als persönliche Stärke wahrnehmen? Notieren Sie auch hier mindestens 10 Punkte.
- Konkretisieren: Gehen Sie jede einzelne Stärke noch einmal durch und schreiben Sie auf: Was genau meine ich damit? Was gehört alles dazu? Bei welchen Gelegenheiten konnte ich diese Stärke schon unter Beweis stellen?
- Ihre beruflichen Erfahrungen: Sehen Sie sich Ihren beruflichen Werdegang an (beziehen Sie auch Nebenjobs und Praktika mit ein) und lassen Sie jede einzelne Stelle noch einmal Revue passieren: Was haben Sie in dieser Position genau gemacht? Was war Ihr Aufgabengebiet? Welche Tätigkeiten waren damit verbunden? Was haben Sie in dieser Stelle gelernt? Was ist Ihnen besonders in Erinnerung geblieben?
- Schwächen/Defizite: Notieren Sie auch, wo Sie Ihrer Ansicht nach Defizite haben: Welche Eigenschaften sollten/

müssten/könnten Sie sich noch aneignen oder sollten Sie verbessern? Warum? Was werden Sie dafür tun?

- Konkretisieren: Gehen Sie jede einzelne „Schwäche“ durch und schreiben Sie auf: Was genau meine ich damit? Was gehört dazu? Bei welchen Gelegenheiten hat mich das behindert? In welcher Form?

Denken Sie bei diesen Aufgaben an andere Personen aus Ihrem beruflichen und privaten Umfeld. Sicherlich fallen Ihnen Fähigkeiten und Eigenschaften ein, die Sie an anderen bewundern beziehungsweise von denen Sie wissen, dass andere nicht so gut sind wie Sie selbst. Trauen Sie sich ruhig, konstruktiv zu vergleichen.

Wie geht es Ihnen damit?

Sind Ihnen die Übungen leicht oder schwer gefallen? Hatten Sie Schwierigkeiten mit den Stärken, weil Ihnen vieles eher selbstverständlich vorgekommen ist? Konnten Sie die Fragen nach Schwächen und Defiziten einfacher und schneller beantworten als die Pluspunkte? Wenn ja, dann willkommen im Club: Den meisten Menschen geht es genauso. Umso wichtiger ist es, dass Sie sich mit Ihren Fähigkeiten auseinander setzen, denn nur so können Sie selbstbewusst auftreten.

Wichtig

Sind Sie stolz auf sich? Auf bestimmte Eigenschaften/Fähigkeiten – auf erfolgreiche Arbeit und gute Leistungen? Können Sie sich auch selbst auf die Schulter klopfen und anderen davon erzählen, wenn Sie etwas gut gemacht haben? Bitte haben Sie keine Angst vor „Eigenlob stinkt“: Es ist wichtig, nicht nur für Ihre Bewerbung, sondern vor allen Dingen auch für Sie persönlich, dass Sie sich und Ihre Leistungen anerkennen!

6. Wissen, was man will

Das kleine Wörtchen „Ziele" ist für viele eine vertrackte Sache: Was will ich eigentlich erreichen? Wo will ich hin?

Wo wollen Sie in fünf Jahren sein?

Haben Sie jetzt das Gesicht verzogen? Keine Sorge: Diese Frage bedeutet nicht, dass Sie sich völlig festlegen müssen. Im Grunde steckt Folgendes dahinter:

- Haben Sie sich Gedanken darüber gemacht, wo Sie Ihr beruflicher Weg hinführen soll?
- Wie sollte/könnte Ihre persönliche und fachliche Weiterentwicklung aussehen?

Unabhängig vom Zeitraum selbst lohnt sich dieser Gedanke auf jeden Fall, denn wenn Sie nicht wissen, was Sie erwarten, können Sie auch nicht zielgerichtet vorgehen.

Wichtig

Häufig haben Menschen mit der Frage nach ihren Zielen aus zwei Gründen Probleme:

1. Sie denken, dass das „Wo will ich hin?" gleichbedeutend ist mit Karriere, Ambitionen, Aufstieg.
2. Sie fühlen sich durch Ziele eingeengt, als ob alles „vorbestimmt" und „zwangsläufig" wäre.

Machen Sie sich doch einfach einmal in Ruhe Gedanken darüber, was Sie wollen: Das können konkrete berufliche Ziele sein wie eine bestimmte Position, oder aber auch ganz persönliche Erwartungen (z. B. Spaß und Erfüllung in der Arbeit).

Gehen Sie den Dingen auf den Grund

Natürlich sind Dinge wie „Spaß“, „Sinn“, oder „Erfüllung“ zu nebulös, um wirklich ein Ziel zu sein. Deshalb ist es auch hier wieder wichtig, sich konkret damit auseinander zu setzen, was das jeweils bedeutet.

Fragen, die Ihnen helfen herauszufinden, was Sie eigentlich möchten, sind:

- Wenn ich mir meinen weiteren beruflichen Werdegang anschaue: Was möchte ich gerne erreichen? Welche Art von Tätigkeit/Position strebe ich an? (Das kann eine bestimmte Berufsbezeichnung sein oder auch eine Umschreibung wie „leitende Position“.)
- Gibt es andere Aspekte, die mir wichtig sind und die ich anstrebe/erreichen möchte? (Das können Konditionen sein wie beispielsweise eine bestimmte Gehaltshöhe oder ein Firmenwagen.)
- Gibt es in puncto Ausbildung etwas, das ich gerne erweitern oder nachholen möchte? (Ein bestimmter Schulabschluss, eine Berufs- oder Zusatzausbildung, die Erlaubnis, Lehrlinge auszubilden ...)
- Welche „nebulösen“ Ziele habe ich (zum Beispiel Spaß, Erfüllung)? Was genau bedeutet das für mich? Wann weiß ich, dass ich dieses Ziel erreicht habe?

Tipp

Schreiben Sie sich die Antworten auf diese Fragen auf – antworten Sie zunächst ganz spontan und zensieren Sie nicht. Gehen Sie anschließend noch einmal in Ruhe über Ihre Antworten und ergänzen Sie nach Herzenslust. Bitte denken Sie an dieser Stelle noch nicht darüber nach, ob das Ziel realistisch ist oder nicht beziehungsweise wie Sie es erreichen können.

7. Wissen, warum man es will

Kennen Sie Ihre Ziele? Wissen Sie, was Sie wollen? Sehr schön ... Aber warum wollen Sie das denn eigentlich? Auch diese Frage sollten Sie beantworten können.

Warum?

Sie streben eine bestimmte Tätigkeit oder eine bestimmte Hierarchiestufe an, Sie haben eine Fortbildung im Auge, die Sie noch weiter qualifiziert ... Doch haben Sie sich schon einmal gefragt, warum?

Weshalb es so wichtig ist, die eigenen Ziele zu hinterfragen, zeigen die folgenden Beispiele:

- Der Entwickler strebt eine Führungsposition an, weil das der logische nächste Karriereschritt ist. Dabei ist er eher ein Hands-on-Mann, der mit Leib und Seele an technischen Möglichkeiten feilt.
- Die Sekretärin fühlt sich nicht richtig anerkannt und beginnt nur deswegen ein Fernstudium.
- Der Sachbearbeiter möchte gerne im Marketing arbeiten, weil er gerne kreativ tätig ist. Dabei hat Marketing mit Strategie und sehr viel Zahlenarbeit zu tun – die kreative Umsetzung von Werbung erledigen in der Regel Agenturen.

Nur wenn Sie die eigenen Ziele hinterfragen, können Sie bei Ihrer Bewerbung auch überzeugend darlegen, warum Sie sich für diese Position/dieses Unternehmen interessieren. Sie beweisen dadurch außerdem, dass Sie sich mit sich und mit Ihrer Zukunft auseinander gesetzt haben. Und: Sie bemerken, ob Sie das, was Sie sich erhoffen, auf diesem Wege auch wirklich erreichen, und können so gegebenenfalls noch eine Kurskorrektur vornehmen.

So hinterfragen Sie Ihre Ziele

Sehen Sie sich Ihre Ziele an (→ 6. Wissen, was man will), die Sie schriftlich festgehalten haben, und gehen Sie sie einzeln durch:

- Warum möchte ich dieses Ziel erreichen? Was erhoffe ich mir davon?
- Was erwarte ich a) von meiner Umwelt und b) von mir selbst, wenn ich das Ziel erreicht habe?
- Wie bin ich überhaupt auf dieses Ziel gekommen? Ist es mein eigenes oder hat es mir jemand „ins Ohr" gesetzt? Habe ich es irgendwo gelesen? Ist es ein Ziel, das ich wirklich intensiv verfolgen möchte oder von dem ich eher glaube, ich sollte es tun?
- Seit wann habe ich dieses Ziel? Hatte ich es vielleicht „schon immer"? Dann bitte auch die Aktualität hinterfragen – manchmal schleppt man Ziele einfach mit, ohne sie zu korrigieren.
- Welche anderen Möglichkeiten gibt es, die Erwartungen, die ich mit diesem Ziel verbinde, zu erreichen?
- Wie geht es mir, wenn ich das Ziel nicht verfolge oder erreiche? Was wären die Konsequenzen?
- Wie sieht mein „Plan B" aus? Welche anderen Möglichkeiten gibt es, um mein eigentliches Ziel zu erreichen? Bereiten Sie Alternativen vor, um Ihr Ziel kontinuierlich zu verfolgen.

Wichtig

Bitte setzen Sie sich mit Ihren Zielen und Ihrer Motivation auseinander, bevor Sie sich an die Bewerbungen machen. Es kann sonst sein, dass Sie sich aufs falsche Pferd schwingen und in eine Richtung galoppieren, die Sie von Ihren Zielen eher entfernt. Bestätigen sich Ihre Vorstellungen, können Sie guten Gewissens loslegen.

8. Etwas über die Branche erfahren

Gerade für Ihre Initiativbewerbung ist es extrem wichtig, dass Sie sich über die Branche gut informieren: Sie können damit im Anschreiben und im Gespräch punkten!

Fachzeitschriften

Jede Branche hat eigene Fachzeitschriften. Diesen können Sie nicht nur grundlegende Brancheninformationen entnehmen, sondern natürlich auch die Namen und Daten von Unternehmen, bei denen Sie sich bewerben wollen.
Beachten Sie, dass nicht jede Fachzeitschrift am Kiosk erhältlich ist. Manche Publikationen sind verbandsintern und nur per Abonnement zu beziehen beziehungsweise nur für Mitglieder zugänglich. In solchen Fällen fragen Sie einfach direkt beim Verlag oder Verband nach.
Informationen über Fachzeitschriften bekommen Sie auch bei einem gut sortierten Zeitschriftenhändler. Das Internet ist hier ebenfalls sehr hilfreich.
Sind Sie unschlüssig, welche die beste Publikation im angestrebten Bereich ist, dann fragen Sie entweder bei einem Unternehmen der gewünschten Branche nach oder kontaktieren Sie einen der Berufs- oder Branchenverbände.

Wichtig

Machen Sie sich auch mit den „Big Players" vertraut. Das heißt, dass Ihnen die Großen der Branche namentlich geläufig sein sollten. Wer in die Werbebranche möchte, sollte beispielsweise die Namen der bekanntesten deutschen Werbeagenturen kennen.

Berufs- und Branchenverbände

Von Verbänden bekommen Sie nicht nur Informationen und Daten zur Branche und momentanen Marktsituation, sondern auch Details zu Berufsbildern und Trends.

Interessieren Sie sich beispielsweise für eine bestimmte Branche, sind aber nicht so ganz sicher, wie die derzeitige berufliche Situation dort ist, fragen Sie ruhig zielgerichtet nach. Denken Sie aber bitte daran, dass ein guter Verband auch Werbung für die eigene Branche macht: Das kann bedeuten, dass Ihnen möglicherweise nur positive Aspekte geschildert werden. Das Sichten der Fachpresse hilft Ihnen, auch neutrale Informationen zu erhalten.

Um entsprechende Verbände zu finden, nutzen Sie am besten eine Suchmaschine im Internet wie beispielsweise google.de. Fast immer führt die Branche oder der Berufszweig kombiniert mit dem Stichwort „Bundesverband“ oder „Landesverband“ zum Erfolg. Kontaktieren Sie gegebenenfalls auch Ihre örtliche IHK oder Handwerkskammer für weitere Brancheninformationen.

Messen

Auch Messen beziehungsweise Messekataloge und Messe-Websites bieten gute Anhaltspunkte für die aktuelle Branchensituation und die Entwicklung (→ 13. Fachmessen).

Tipp

Besonders für Bewerber, die die Branche wechseln, ist es wichtig, sich konkreter zu informieren: Rechnen Sie damit, gefragt zu werden, warum Sie ausgerechnet in diese Branche wechseln möchten und was Sie darüber wissen. Nur wenn Sie schlüssige Antworten geben und mit Branchenwissen glänzen können, sind Sie glaubwürdig.

9. Etwas über das Unternehmen erfahren

Eine gute Bewerbung ist immer individuell. Und wenn Sie sich „blind" bewerben, erwartet man erst recht, dass Sie sich vorher über das Unternehmen informiert haben.

Das Internet als Informationsquelle

Das Einloggen ins World Wide Web lohnt sich. Selbst wenn Sie keinen eigenen Internetzugang haben, sollten Sie diese Möglichkeit nutzen – ob im Internetcafé, in öffentlichen Bibliotheken oder bei Bekannten.
Hier finden Sie:

- Firmen-Homepages
- Branchendienste mit Angaben zu einzelnen Unternehmen
- Berufsverbände, oft auch mit Unternehmensprofilen
- Adress-Datenbanken und Firmenverzeichnisse

Auf der Website des Unternehmens erfahren Sie auf einen Blick, was das Unternehmen genau macht, wie die Kundenstruktur aussieht und vieles mehr.
Achten Sie auch darauf, wie die Firma über sich und ihre Mitarbeiter spricht. Oft gibt es auch spezielle Karrierebereiche, in die Sie auf jeden Fall „reinlesen" sollten. Sie erfahren dort, worauf dieses Unternehmen ganz generell Wert legt.

Tipp

Eine sehr zuverlässige und gute Suchmaschine ist www.google.de. Ein gut sortiertes Verzeichnis, bei dem Sie sich nach Branchen/Firmen durchklicken können, ist www.yahoo.de.

Das Telefon

Der direkte Weg: Rufen Sie einfach bei dem Unternehmen an, bei dem Sie sich bewerben möchten, und bitten Sie um Informationsmaterial. Am besten lassen Sie sich direkt mit der Personalabteilung verbinden:

- So knüpfen Sie gleich persönlich Kontakte und beweisen direkt Ihr Engagement und Ihr Interesse für die Firma.
- Erkundigen Sie sich nach dem richtigen Ansprechpartner für Ihre Bewerbung.
- Eventuell gibt es bereits Informationspakete für Bewerber.
- Bitten Sie ruhig auch um Infomaterial, das an Kunden geht – beispielsweise einen aktuellen Produktkatalog.

Personalberater

Sofern Sie eine interessante Ausschreibung gesehen haben, die über ein Beratungsunternehmen läuft, nehmen Sie mit ihm Kontakt auf! Gerne gibt man Ihnen dort weitere Informationen über die betreffende Firma.
Manchmal kann es allerdings sein, dass man Ihnen den Namen des Unternehmens zunächst nicht verrät. Das ist immer dann der Fall, wenn eine Firma zunächst anonym sucht, beispielsweise bei der Eröffnung einer neuen Niederlassung, von der die Mitbewerber noch nichts wissen sollen.

Tipp

Legen Sie über jede Firma, bei der Sie sich bewerben möchten, ein eigenes kleines Firmenprofil an: Was wissen Sie bereits über das Unternehmen? Was interessiert Sie besonders? Ist die Firma in ihrer Branche unter den Top 10? Welche Dienstleistung erbringt das Unternehmen bzw. welche Produkte stellt es her/vertreibt es? Gibt es weitere Niederlassungen? Ist die Firma auch international tätig?

10. Herausfinden, was die Firma sucht

Kommunikativ, teamfähig, engagiert ... Die Liste der „buzzwords" in Stellenanzeigen ist lang. Und bei näherem Hinsehen stellt man zudem fest, dass Bewerber und Unternehmen nicht unbedingt immer dasselbe darunter verstehen.

Was heißt das eigentlich?

Leider werden viele wichtige Eigenschaften im Arbeitsleben sehr inflationär genutzt. Das führt dann dazu, dass Unternehmen „flexible“ Mitarbeiter suchen und so gut wie jeder Bewerber von sich behauptet, flexibel zu sein. Das kann aber auch ganz schön ins Auge gehen: Zum einen, wenn man etwas von sich behauptet, das man gar nicht ist, und zum anderen, wenn beide Seiten von völlig unterschiedlichen Definitionen ausgehen.

Bleiben wir bei der berühmten Flexibilität: Soll der „flexible“ Mitarbeiter in der Lage sein, mit Veränderungen gut umzugehen? Geht es darum, mehrere Tätigkeiten gleichzeitig zu erledigen und dennoch den sprichwörtlichen roten Faden nicht zu verlieren sowie souverän „umschalten“ zu können? Geht es darum, mit neuen Arbeitsweisen und verschiedenen Projekten umzugehen? Ist es Flexibilität im Umgang mit verschiedenen Menschentypen? Ist Improvisationstalent gefragt? Oder soll die Person auch bei engen Terminvorgaben sinnvoll mit den eigenen Ressourcen umgehen können und sich gut organisieren?

Die Liste der Definitionen ist lang – und individuell.

Darum ist für Sie wichtig:

- Nehmen Sie sich die üblichen Schlüsselqualifikationen vor und hinterfragen Sie sie: Was genau bedeutet dieser Begriff für mich, wie definiere ich ihn (nicht etwa das Lexikon)? Was gehört für mich dazu, um diese Eigenschaft gut auszufüllen? Wie schätze ich mich selbst in dieser Beziehung ein: Inwiefern besitze ich diese Eigenschaft, inwiefern eher nicht?

- Vermitteln Sie während der Bewerbung Ihre Gedanken zu der betreffenden Schlüsselqualifikation und untermauern Sie sie gegebenenfalls mit einem Beispiel.
- Finden Sie heraus, was das Unternehmen unter der jeweiligen Eigenschaft versteht, damit Sie abgleichen können, ob Sie von derselben Sache sprechen!

Eine Liste gefragter Eigenschaften

Nachfolgend eine Auswahl gefragter Eigenschaften, mit denen Sie Ihre Analyse beginnen können:

- teamfähig
- kommunikationsfähig
- selbstständig
- verantwortungsbewusst
- engagiert
- ausdauernd
- zielbewusst
- diszipliniert
- kollegial
- organisiert
- flexibel
- mutig
- selbstkritisch
- risikofreudig
- durchsetzungsfähig
- kompromissfähig
- entscheidungsfreudig
- belastbar
- kreativ
- unternehmerisch denkend

Wichtig

Bitte gehen Sie nicht automatisch davon aus, dass alle diese beispielhaft genannten Eigenschaften überall unbedingt gefragt sind. Natürlich richten sich die jeweiligen Eigenschaften immer auch nach der Stelle, für die Sie sich bewerben, und danach, welche Art von Mitarbeitern ein Unternehmen sucht.

11. Warum gerade ich?

„Warum sollten wir gerade Sie einstellen?" Auf diese Frage müssen Sie eine Antwort geben können: Denn wenn Sie schon nicht wissen, was das Besondere an Ihnen ist, wie soll es dann das Unternehmen wissen?

Die oben genannte Frage wird in den meisten Bewerbungsgesprächen mehr oder weniger wortwörtlich so gestellt – und zwar nicht, um die Bewerber zu provozieren, sondern um sich ein besseres Bild von ihnen machen zu können. Natürlich wirken dabei Bewerber, die darauf mit einem fragenden Gesichtsausdruck antworten, die Achseln zucken oder einfach ihre Ausbildung und/oder langjährige Erfahrung ins Feld führen, nicht so interessant.
Bitte vergeben Sie hier keine Chancen, sondern machen Sie sich bereits im Vorfeld klar, was das jeweilige Unternehmen davon hat, wenn es Sie einstellt.

Tipp

„Warum würde ich mich selbst einstellen?" Das ist eine gute Frage, um sich selbst unter die Lupe zu nehmen. Versetzen Sie sich in die Lage Ihrer Kollegen und Ihres Chefs und betrachten Sie sich einmal aus deren Perspektive. Inwiefern sind Sie ein guter Kollege beziehungsweise ein guter Mitarbeiter? Belassen Sie es aber nicht bei den üblichen Schlagwörtern wie flexibel, kommunikativ, belastbar, guter Teamworker … Durchleuchten Sie alle Ihre Pluspunkte (Erfahrungen, Kenntnisse, Fähigkeiten, Eigenschaften) auf ihre Aussagekraft – und finden Sie jeweils Beispiele dazu aus Ihrem Leben.

Was ist das Besondere an mir?

Wenn auch Sie zu den Menschen gehören, die sich ungern „verkaufen“ und denen es schwer fällt, sich selbst in einem guten Licht zu präsentieren, dann führen Sie sich bitte eines vor Augen: Es geht hierbei nicht um Angeberei, Hochstapelei und So-tun-als-ob! Wichtig ist, dass Sie sich gut kennen und sich selbst, Ihre Besonderheiten und Ihre Stärken schätzen. Denn das ist die beste Voraussetzung dafür, sich in der eigenen Haut wohl zu fühlen, souverän aufzutreten und Ihren potenziellen neuen Arbeitgeber von Ihren Qualitäten zu überzeugen.
Damit Sie sich Ihrer Besonderheit überhaupt bewusst werden können, heißt es, sich erstmal intensiv mit den eigenen Stärken und Schwächen auseinander zu setzen (→ 5. Was kann ich?). Denn was Sie ausmacht, ist die ganz spezifische „Mischung“ aus Ihren fachlichen und persönlichen Kompetenzen.

Ein Kurz-Resümee erstellen

Schreiben Sie auf, wie Sie sich selbst einschätzen und was aus Ihrer Sicht alles dafür spricht, Sie als Mitarbeiter zu gewinnen. Fassen Sie Ihre Selbsteinschätzung in einigen Sätzen zusammen: natürlich nicht, um diese später im Gespräch auswendig aufzusagen, sondern um sie zu strukturieren und als Leitfaden zu nutzen.

Wichtig

Vielen Menschen fällt genau das, was sie besonders auszeichnet, überhaupt nicht auf: Sie empfinden es als ganz normal. Wenn es Ihnen auch so geht, sollten Sie sich von anderen helfen lassen und deren Feedback einholen.

12. Stellenmärkte

Initiativ bewerben: gut und schön. Aber wo? Wie findet man denn interessante Stellen? Die Möglichkeiten sind vielfältig – nutzen Sie sie!

Zeitungen und Fachzeitschriften

Die erste Anlaufstelle für Bewerber ist der Stellenmarkt in der Zeitung. Besonders stark genutzt wird hier der Stellenmarkt in überregionalen Zeitungen wie beispielsweise der *Süddeutschen Zeitung* oder der *FAZ*.
Beachten Sie aber auch:

- Stellenmärkte in regionalen Tageszeitungen
- Stellenmärkte in Wochenblättern beziehungsweise Stadtteil-Anzeigern
- Stellenmärkte in Publikationen für bestimmte Zielgruppen (zum Beispiel Veranstaltungskalender)
- Stellenmärkte in Fachzeitschriften oder Verbandsorganen (→ 8. Etwas über die Branche erfahren)

Selbstverständlich richtet sich die Auswahl des Mediums jeweils danach, in welchem Bereich Sie tätig werden möchten – beziehungsweise welche „Art" von Mitarbeiter sich ein Unternehmen vorstellt.
Wichtig ist, dass Sie nicht nur die großen Stellenmärkte im Blick behalten! Viele Unternehmen nutzen auch kleinere Stellenmärkte – unter anderem, weil die Inserate dort deutlich günstiger sind.

Tipp

Fragen Sie auch Bekannte, Freunde und Verwandte, ob jemand weiß, wo gerade Mitarbeiter gesucht werden!

Das Internet

Das Internet ist für Bewerber ein Segen: So gut wie jedes Unternehmen, das im Internet vertreten ist, schreibt aktuelle Positionen auf den eigenen Seiten aus – oft sogar ausschließlich, denn diese Ausschreibung kostet die Firma nichts.

Hilfreich sind hier auch spezielle Suchmaschinen. So gibt es neben einzelnen Online-Stellenbörsen auch Meta-Suchmaschinen, die andere Stellenbörsen und Unternehmens-Jobsites durchforsten. Der Vorteil: Einmal eine Suche eingeben und Sie erhalten automatisch alle passenden Ergebnisse, die ein „Roboter" für Sie auf anderen Jobsites gefunden hat.

Übrigens lohnt es sich, wenn Sie – je nach angestrebter Position – auch die Seiten von Personalvermittlern/Unternehmensberatern durchsuchen: Auch dort werden häufig aktuell zu besetzende Stellen veröffentlicht.

Das schwarze Brett

Halten Sie die Augen offen: Es gibt Unternehmen, die die kostenfreie Möglichkeit nutzen, mittels eines Aushangs neue Mitarbeiter zu finden. Das kann das „schwarze Brett" in Ihrem Fitnessstudio sein, die Litfass-Säule im Uni-Gebäude oder auch Aushänge in Weiterbildungsinstituten.

Keine Sorge: Das sind absolut seriöse Wege, auch wenn es auf den ersten Blick nicht unbedingt danach aussieht.

Tipp

Egal, wie Sie über das Arbeitsamt denken: Nutzen Sie auch diese Möglichkeit. Sie können die dort gemeldeten Stellen entweder über die Website des Arbeitsamtes einsehen (www.arbeitsamt.de) oder im dortigen BIZ (Berufsinformationszentrum) die Datenbank durchforsten.

13. Fachmessen

Zwei Fliegen mit einer Klappe: Unternehmen nutzen Fachmessen oft auch zur Personalakquise – und die Bewerber können sich auch gleich vor Ort einen persönlichen Eindruck verschaffen.

Alle Vorteile nutzen

Der Besuch einer Fachmesse hat viele Vorteile für Sie als Bewerber: Nicht nur lernen Sie vor Ort eine Menge Unternehmen kennen, von denen Sie möglicherweise vorher gar nichts wussten, sondern Sie können sich auch ausführliches Informationsmaterial mitnehmen (das Ihnen bei der Vorbereitung auf ein späteres Bewerbungsgespräch nützt). Außerdem kommen Sie am Stand gleich persönlich ins Gespräch: mit Mitarbeitern der Firma und möglicherweise sogar mit einem Personalentscheider. Bei kleineren Firmen ist häufig der Inhaber anwesend, größere Unternehmen haben mitunter Mitarbeiter aus der Personalabteilung vor Ort.
Gerade der unmittelbare persönliche Eindruck ist ein großer Vorteil für Ihre Initiativbewerbung: Sie können direkt mit Ihrer Persönlichkeit punkten.

Tipp

Prüfen Sie die Liste der Aussteller vor der Messe genau und notieren Sie sich, welches Unternehmen Sie am attraktivsten finden und unbedingt besuchen möchten. Machen Sie sich einen Plan für den Messetag. Fragen Sie bei den für Sie wichtigsten Firmen vorher telefonisch nach, ob auch jemand von der Personalabteilung anwesend sein wird, und vereinbaren Sie gegebenenfalls direkt einen Termin.

Unterlagen mitnehmen

Selbstverständlich brauchen Sie auch beim Messebesuch aussagekräftige Bewerbungsunterlagen, die Sie Ihrem Gesprächspartner überlassen können.

Empfehlenswert ist, eine ausreichende Anzahl kompletter Bewerbungsmappen mitzunehmen. Sofern Sie Unternehmen ausgesucht haben, bei denen Sie sich auf jeden Fall bewerben möchten, gehört dazu natürlich auch ein richtiges Anschreiben. Für Gespräche, die Sie spontan oder mit Unternehmen führen möchten, bei denen Sie sich nicht ganz so sicher sind, genügt es, ein Kurzprofil mitzunehmen: Ihren Lebenslauf, eventuell ein Tätigkeitsprofil – und sagen Sie bitte klar, für welchen Geschäftsbereich/welche Position Sie sich interessieren.

Manche Bewerber kreieren für ihre Selbstdarstellung auch ein Faltblatt oder ein Kurzprofil im Postkartenformat. Das ist wunderbar, solange die Ausführung einwandfrei ist: Bitte achten Sie auf ausreichend dickes Papier, falls Sie die Rückseite bedrucken (damit nichts durchscheint). Sofern ein kopiertes Foto dabei ist, achten Sie bitte auf beste Qualität (ansonsten verzichten Sie lieber darauf). Und wenn Sie eine gefaltete Selbstdarstellung haben, dann sorgen Sie dafür, dass der Text jeweils ordentlich ausgerichtet ist und nicht etwa im Falz verschwindet. Nehmen Sie immer genügend Exemplare mit!

Tipp

Nutzen Sie das Internet für Ihre Recherche! Zum einen hilft Ihnen die Website www.auma.de, auf der Sie Messen nach Fachgebieten und Standort recherchieren können. Zum anderen haben viele Messen eigene Internetseiten, teilweise auch mit Ausstellerinformationen.

14. Recruitingmessen/ Career Days

Das System „Messe" wurde vor einigen Jahren auch als Treffpunkt für Unternehmen und Bewerber entdeckt. Seitdem sind überall zahlreiche so genannte Recruitingmessen aus dem Boden geschossen.

Aktives Personalmarketing

Statt sich auf Stellenausschreibungen in Zeitschriften oder im Internet zu beschränken, ist es für viele Unternehmen mittlerweile gang und gäbe, auch aktiveres Personalmarketing zu betreiben. Dazu gehört unter anderem die Teilnahme an Job- und Karrieremessen.
Diese Veranstaltungen gibt es mittlerweile für eine Vielzahl von Branchen und Positionen. Ein Teil davon richtet sich gezielt an Hochschulabsolventen, andere wiederum sprechen spezielle Fachbereiche oder auch Führungspositionen an.

Tipp

Suchen Sie im Internet unter den Schlagwörtern „Recruitingmesse", „Jobmesse", „Karrieremesse", „Personalmesse". Im Service-Teil sind einige genannt.

Was solche Messen bieten

Sie können einfach als Besucher auf eine Jobmesse gehen und sich über die verschiedenen Unternehmen, Jobangebote und -perspektiven informieren. Bei vielen Ausstellern können Sie direkt Bewerbungsbögen ausfüllen und Gespräche führen. Bei dieser Art von Messe sind immer Personalentscheider anwesend, die Ihnen gerne alle Fragen beantworten und Ihre Bewerbungsunterlagen direkt annehmen. Natürlich sollten Sie auch bei Recruitingveranstaltungen eine ausreichende Anzahl von Bewerbungsunterlagen beziehungsweise Kurzprofilen (→ 23. Lebenslauf und Tätigkeitsprofil) mitnehmen.

Sofern Sie sich für bestimmte Firmen verstärkt interessieren, nehmen Sie am besten im Vorfeld Kontakt mit der jeweiligen Personalabteilung auf und vereinbaren einen Gesprächstermin auf der Messe.

Bei einigen Recruitingveranstaltungen gibt es neben dem üblichen Messebetrieb auch die Möglichkeit, sich als Bewerber noch aktiver in Szene zu setzen. Dies kann zum Beispiel im Rahmen von inszenierten Gruppenarbeiten mit Assessment-Center-Charakter der Fall sein oder in Form einer Präsentation zu einem selbst gewählten Fachgebiet beziehungsweise der eigenen Person, bei der Personalentscheider im Publikum sitzen. Daneben gibt es auch Messen, bei denen Bewerber eigene „Messestände" haben und Personalbeauftragte sich dort informieren.

Informieren Sie sich also rechtzeitig über das Programm, das die für Sie relevante Recruitingmesse bietet, und auch darüber, welche Voraussetzungen Sie eventuell mitbringen beziehungsweise nachweisen müssen, um teilnehmen zu können. Gerade bei den Möglichkeiten, sich aktiv zu präsentieren, gibt es nur eine begrenzte Anzahl von Plätzen!

Tipp

Melden Sie sich nicht Hals über Kopf für etwas an, das Ihnen eigentlich unangenehm ist. Wer sich total unwohl fühlt, vor einer Menge fremder Leute einen Vortrag zu halten, der sollte sich nicht dazu zwingen. Wählen Sie dann lieber eine Variante, die Ihnen mehr entspricht und bei der Sie sich sicher fühlen.

15. Mundpropaganda

Eine der wirksamsten Möglichkeiten wird leider oft vernachlässigt: die Mundpropaganda. Bringen Sie sich aktiv ins Gespräch und nutzen Sie vorhandene Kontakte!

Sagen Sie der Welt, dass Sie zu haben sind

Jeder von uns hat eine Menge Kontakte – ob Familie, Freunde, Bekannte oder Geschäftskontakte, aktuelle und frühere Kollegen, Nachbarn, die Verkäuferin in der Bäckerei ... Jede dieser Personen hat ihrerseits wiederum eine Menge Kontakte. Wichtig ist nur, dass Sie dieses Netz auch aktivieren! Zum Beispiel so:

- Der Angestellte einer Internetfirma hat seine Stelle gefunden, weil eine frühere Kollegin ihn auf eine Anzeige aufmerksam machte.
- Die Office Managerin hat ihre Stelle über die Verkäuferin eines Blumenladens erhalten, deren Bruder eine eigene Firma hat.
- Der Angestellte einer Versicherung hat ein Vorstellungsgespräch bekommen, weil er im Fitnessstudio mit einem anderen Mitglied über seine Stellensuche plauderte.

Konkret werden

Wichtig ist, dass Sie anderen nicht nur sagen, dass Sie „eine neue Stelle“ suchen, sondern ganz konkret ausdrücken, was Sie tun.

Belassen Sie es bitte nicht dabei, lediglich Ihre Berufsbezeichnung oder frühere Position zu benennen: Sie wären überrascht, wenn Sie wüssten, wie wenig andere etwas mit reinen Berufsbezeichnungen anfangen können. Sagen Sie also nicht nur „Vertriebsassistenz“ oder „Elektroingenieur“, sondern beschreiben Sie etwas genauer,

- was Sie suchen und
- welche Tätigkeiten damit verbunden sind.

Dieser Unterschied ist wichtig: Vielleicht suchen Sie ja nicht nur explizit eine Position, wie Sie sie bisher hatten beziehungsweise haben, sondern möchten sich verändern.

Aktiv um Unterstützung bitten!

Es genügt aber nicht, jemandem nur zu erzählen, dass Sie auf Stellensuche sind. Bitten Sie Ihren Gesprächspartner darum,

- zu überlegen, welche Unternehmen er kennt, die Ihre Leistungen brauchen könnten;
- die Ohren für Sie offen zu halten und Ihnen Bescheid zu sagen, wenn er etwas hört (denken Sie daran, Ihre Kontaktdaten weiterzugeben);
- vorhandene Kontakte herzustellen oder Ihnen zu nennen. (Selbstverständlich müssen Sie klären, ob Sie den Namen der Person als Türöffner verwenden dürfen oder ob diese lieber ungenannt bleiben möchte.)

Übrigens kann es auch sehr hilfreich für Ihre Stellensuche sein, wenn Sie bei der Gelegenheit einfach einmal fragen, welche Ideen Ihr Gesprächspartner noch für Sie hat. Vielleicht gibt es Aufgabengebiete/Firmen/Branchen, an die Sie bisher noch gar nicht gedacht haben.

Wichtig

Sie wissen nie, über welche Wege sich neue berufliche Möglichkeiten auftun: Der Smalltalk an der Supermarktkasse, eine Begegnung in der U-Bahn oder die Geburtstagsfeier Ihres besten Freundes kann genau die Gelegenheit sein! Diese können Sie jedoch nur nutzen, wenn Sie aktiv auf andere zugehen und auch von sich etwas preisgeben.

16. Zeitarbeit/ Personalvermittlung

Nutzen Sie auch professionelle Dienstleister für Ihre Stellensuche. Neben Zeitarbeitsfirmen gibt es ein breites Angebot an Personalvermittlungen – nicht nur für Führungspositionen.

Zeitarbeit

Bei einer Zeitarbeitsfirma ist man fest angestellt. Die Zeitarbeitsfirma entsendet Sie dann zu unterschiedlichen Firmen, wo Sie temporär tätig sind – in der Regel von einigen Wochen bis zu mehreren Monaten. Zeitarbeit hat durchaus ihre Vorteile, auch wenn teilweise kritische Stimmen zu hören sind. So ist es meist möglich, kurzfristig eine Anstellung zu erhalten, was Zeitarbeit für viele interessant macht, auch wenn damit Gehaltseinbußen verbunden sein können. Zeitarbeit ist sicherlich nicht jedermanns Sache: Man muss flexibel sein, sich schnell in neue Aufgabenbereiche einarbeiten und ist ständig irgendwo „der/die Neue". Wer aber die Abwechslung liebt, für den ist es eine ideale Möglichkeit, verschiedene Unternehmen kennen zu lernen und unterschiedliche Positionen/ Branchen auszuprobieren.
Außerdem ist die Zeitarbeit oft ein Sprungbrett in die Festanstellung: Firmen greifen durchaus auf bewährte temporäre Mitarbeiter zurück, wenn eine feste Stelle zu besetzen ist.

Tipp

Sehen Sie sich einmal auf der Seite www.zeitarbeit-forum.de um. Dort gibt es viele hilfreiche Informationen, auch zu Vertragsfragen.

Personalvermittlung

Früher wurden Personalvermittlungen und Headhunter schwerpunktmäßig bei der Besetzung von hoch angesiedelten Positionen eingeschaltet. Das ist heute nicht mehr so. Personalvermittlungen sind inzwischen für die unterschiedlichsten Unternehmen und Hierarchieebenen aktiv, wobei sich viele in irgendeiner Weise spezialisiert haben (zum Beispiel auf eine bestimmte Branche).

Die Dienste eines Personalvermittlers sind für den Bewerber kostenfrei. Der Vermittler schließt einen Vertrag mit Unternehmen ab und kassiert bei erfolgreicher Einstellung eine Provision, die sich meist prozentual an dem Gehalt der vermittelten Person orientiert. Die Adressen von Personalvermittlern finden Sie in jedem Stellenmarkt in der Zeitung, im Branchenbuch und natürlich über das Internet.

Bitte informieren Sie sich über den von Ihnen gewählten Vermittler, fragen Sie nach der Kundenstruktur und achten Sie darauf, ob er sich wirklich um Sie und Ihre Berufswünsche kümmert. Ein gutes Vermittlungsunternehmen ist immer darum bemüht, dass Unternehmen und Bewerber zusammenpassen – und die jeweiligen Erwartungen stimmig sind.

Kontakt nehmen Sie wie bei jeder Bewerbung auf: Sie schicken dem Vermittler Ihre Bewerbungsunterlagen oder setzen sich telefonisch mit ihm in Verbindung. Bei Interesse kommt es dann zu einem persönlichen Gespräch.

Achtung

Achten Sie darauf, wie man mit Ihnen umgeht. Leider gibt es auch hier schwarze Schafe. Wenn Sie sich nicht wohl fühlen, Ihnen Angebote gemacht werden, die Ihren Kriterien nicht entsprechen, oder wenn man gar Sie oder Ihren Lebenslauf runtermacht, dann verabschieden Sie sich am besten ganz schnell.

17. Internet

Das Internet hat sich zur Job- und Mitarbeitersuche mittlerweile fest etabliert. Neben Stellenausschreibungen auf Firmen-Websites gibt es auch so genannte Online-Jobbörsen, die Sie nutzen können.

Firmen-Websites

Fast jedes Unternehmen, das im Internet präsent ist, hat auch einen Karrierebereich, in dem aktuell offene Stellen ausgeschrieben sind. Größere Firmen bieten zusätzlich umfassende Informationen für Bewerber an.
Wenn eine Firma Bewerber auf ihrer Seite anspricht, ist eine E-Mail-Bewerbung auf jeden Fall möglich, jedoch kein Muss. Lesen Sie aufmerksam, in welcher Form die Firma eine Bewerbung haben möchte. Es gibt auch Fälle, wo ausdrücklich das Ausfüllen eines speziellen Online-Formulars verlangt wird, da das Unternehmen den gesamten Bewerbungsprozess automatisiert hat.

Tipp

Nicht immer kennt man die Namen von Firmen, bei denen man sich bewerben kann. Nutzen Sie Webverzeichnisse wie www.yahoo.de, um nach Firmen der gewünschten Branche im angestrebten Gebiet zu suchen: Sie erhalten so eine Liste von Websites, die Ihren Suchkriterien entsprechen.

Stellen finden

Bei Online-Jobbörsen haben Sie zwei Möglichkeiten: Sie können zum einen nach Angeboten suchen. Die meisten Internet-Stellenmärkte bieten mittlerweile auch an, dass man

sich neue Angebote nach gewünschten Kriterien zumailen lassen kann. So brauchen Sie nicht ständig aktiv auf die Suche zu gehen.
Sofern Sie eine Anzeige finden, die Sie interessiert, gehen Sie bitte auf jeden Fall auch auf die Website des inserierenden Unternehmens und sehen sich dort intensiv um, um mehr über die Firma zu erfahren.

Gefunden werden

Die andere Möglichkeit ist, Ihr Bewerberprofil bei einer oder mehreren Jobbörsen einzugeben. Bitte lesen Sie unter 19. Stellengesuche, was dabei zu beachten ist.
Ein Online-Gesuch bei einer Jobbörse ist für den Bewerber kostenfrei. Ihr Eintrag bleibt selbstverständlich völlig anonym. Sofern sich ein Unternehmen für Sie interessiert, nimmt es über die Website der Stellenbörse Kontakt mit Ihnen auf.
Internet-Stellenmärkte sind mittlerweile massenweise auf der Bildfläche erschienen. Zwar sind viele davon mangels Besucherzahlen und Inserenten nicht besonders vielversprechend, aber es lohnt sich, sich die Jobsites in Ruhe anzusehen. Stöbern Sie in den ausgeschriebenen Stellen, sehen Sie nach, wie viel an Anzeigen und Gesuchen vorhanden ist und „wer was" inseriert.
Überlegen Sie sich, ob Sie bei einer Universal-Jobbörse oder bei einer spezialisierten Ihr Glück versuchen wollen – es gibt Stellenmärkte, die sich auf bestimmte Positionen, zum Beispiel Fach- und Führungskräfte, oder auf bestimmte Branchen, zum Beispiel Medizin, spezialisiert haben.

Tipp

Eine umfassende, kommentierte und sortierte Linksammlung von Jobsites im Netz gibt es bei www.jobrobot.de (Link „Jobsites im Internet").

18. Kontaktaufnahme per Telefon

Von Anfang an einen guten Eindruck zu machen, aktiv und interessiert rüberzukommen, darauf kommt es auch beim ersten telefonischen Kontakt an.

Interesse zeigen

Manche Bewerber nehmen telefonisch Kontakt mit Firmen auf und stellen dann ganz schnell die Frage: „Hat es überhaupt einen Sinn, dass ich mich bei Ihnen bewerbe?" Natürlich ist es für Sie relevant, wenn ein Unternehmen keine vakanten Stellen hat und an Bewerbungen nicht interessiert ist. Aber machen Sie sich bitte klar, welchen Eindruck Sie bei dem Unternehmen hinterlassen, wenn Sie mit der Tür ins Haus fallen und nur diese eine Frage stellen: Sie vermitteln die Botschaft, dass Sie kein Interesse an der Firma an sich haben und dass Sie sich nicht die Mühe mit einer Bewerbung machen wollen, wenn diese möglicherweise umsonst ist. Das ist nicht sehr günstig, denn Unternehmen erwarten von Bewerbern, und erst recht von Initiativbewerbern, dass sie interessiert und motiviert sind.

Wenn Sie telefonischen Kontakt mit einer Firma aufnehmen, sollten Sie

- Ihr Interesse, sich bei dem Unternehmen zu bewerben, rüberbringen;
- höflich und zuvorkommend sein und als Mensch einen positiven Eindruck hinterlassen;
- relevante Informationen erfragen (zum Beispiel den richtigen Ansprechpartner).

Keine Sorge: Wenn das Unternehmen prinzipiell keine Bewerbungen wünscht, wird man Ihnen das mitteilen.

Sich vorbereiten

Nehmen Sie nur dann im Vorfeld telefonischen Kontakt mit einem Unternehmen auf, wenn Sie wirklich etwas zu sagen oder zu fragen haben: Rufen Sie nicht nur „einfach so" an. Denn die Gefahr ist groß, dass Sie dann keinen besonders positiven Eindruck hinterlassen – zum Beispiel unsicher und unorganisiert wirken – oder gar als aufdringlich und lästig empfunden werden.

Bereiten Sie sich auf das Gespräch vor und schreiben Sie Ihre Fragen auf. So haben Sie einen hilfreichen Leitfaden für das Telefongespräch und verhindern, dass Sie etwas vergessen, das Ihnen wichtig ist.

Was Sie möglicherweise erfahren möchten, bevor Sie Ihre Bewerbung losschicken:

- Details über die zu besetzende Position, die Aufgaben, die Anforderungen
- Nähere Informationen über das Unternehmen
- Details zur Bewerbung (zum Beispiel per E-Mail oder per Post)

Es kann auch passieren, dass Ihr Gesprächspartner Ihren Anruf nutzt, um Ihnen seinerseits einige Fragen zu stellen und eine Art „Kurz-Interview" zu führen: Ein Grund mehr, um sich gut auf den ersten Kontakt vorzubereiten.

Tipp

Bauen Sie eine Brücke zu Ihrem Gesprächspartner, indem Sie beispielsweise erwähnen, woher Sie das Unternehmen kennen: Vielleicht sind Sie bei einer Messe auf die Firma aufmerksam geworden, vielleicht hat ein Bekannter Sie darauf hingewiesen oder Sie sind im Internet darauf gestoßen.

19. Stellengesuche

Unternehmen sehen sich durchaus auch aktiv um. Warum also nicht ein eigenes Gesuch aufgeben? Präsentieren Sie sich individuell und zeigen Sie Engagement!

Gestaltung: auffällig

Auffällig heißt, es soll ins Auge stechen und nicht in der Masse untergehen. Das erreichen Sie zum einen durch die Gestaltung und zum anderen durch einen Blickfang wie eine gute Überschrift.

Die meisten Inserenten entscheiden sich für die günstigste Variante: den einspaltigen Fließtext mit möglichst wenig Text. Das hat allerdings den Nachteil, dass sie in der Masse untergehen. Investieren Sie lieber etwas mehr: Sie können eine Randanzeige (= mit Rahmen) wählen, einen Teil oder alles negativ drucken (= weiße Schrift auf schwarzem Hintergrund) oder Sie können eine zweispaltige Anzeige wählen. Diese ist dann doppelt so breit wie die reguläre Variante und ermöglicht Ihnen, etwas mehr Freiraum um Ihren Text zu lassen, denn: Auch eine leere Fläche zieht den Blick auf sich.

Wichtig

Eine Spalte hat in der Regel eine Breite von 4,5 cm (zweispaltig entspricht daher 9 cm). Rechnet die Publikation per mm ab, wird eine Spalte zugrunde gelegt und bei Ihrem fertigen Anzeigenentwurf die Höhe nachgemessen.

Wortwahl: Auf den Punkt kommen

Bevor Sie Ihre Anzeige texten, sehen Sie sich Ihre Bestandsaufnahme an und entscheiden Sie:

- Was suche ich konkret? (Welche/n Position/Tätigkeitsbereich? Welche Art von Unternehmen möchte ich ansprechen? Was ist mir besonders wichtig?)
- Was ist das Wichtigste, das ich über mich sagen möchte? (Was kann ich? Welche positiven Eigenschaften möchte ich auf jeden Fall erwähnen?)

Natürlich werden die Antworten auf diese Fragen wesentlich umfangreicher ausfallen als Ihr späteres Gesuch.
Die Kunst besteht darin, dass praktisch jedes Wort eine ganze Menge verrät. Vermeiden Sie deshalb unbedingt folgende Fehler:

- Zu allgemein formuliert („Suche neue Position in Vertrieb, Sekretariat oder Controlling")
- Platz vergeuden durch nichtssagende Wörter („... sucht neuen, interessanten Wirkungskreis")
- Nur fordern („Ich suche ...", „Ich will ...", „Ich lege Wert auf ...") – ein solches Gesuch wird kaum Interesse wecken.

Lenken Sie durch eine aussagekräftige Überschrift die Aufmerksamkeit auf sich: Packen Sie dort bereits Informationen hinein, die etwas über die gesuchte Position und über Sie selbst aussagen. Beispiele:

- Selbstständige Sekretärin sucht fordernden Chef
- Praxiserprobter Vertriebler (akquisestark!) sucht ...

Tipp

Prüfen Sie genau, wo Sie Ihr Gesuch schalten möchten. Nur weil die überregionalen Stellenmärkte viel gelesen werden, muss es nicht die richtige Wahl für Sie sein. Die lokale Tageszeitung oder eine Fachpublikation trifft Ihre Zielgruppe vielleicht besser – und Sie können dort für weniger Geld oft eine größere Anzeige schalten.

20. Der richtige Ansprechpartner

Sorgen Sie dafür, dass Ihre Bewerbung da ankommt, wo sie hin soll – finden Sie vor dem ersten Kontakt heraus, wer der richtige Ansprechpartner ist.

Machen Sie sich die Mühe

Natürlich können Sie Ihre Bewerbungsunterlagen einfach an die Firma Ihrer Wahl schicken und an „Sehr geehrte Damen und Herren" adressieren. Doch es ist viel besser, auch hier gezielt und überlegt vorzugehen und im Vorfeld den richtigen Ansprechpartner zu ermitteln.
Ihre Vorteile, wenn Sie den zuständigen Ansprechpartner herausfinden:

- Sie zeigen dem Unternehmen, dass Sie mitdenken und gezielt vorgehen.
- Sie erhöhen die Chancen, dass Ihre Unterlagen schnell die richtige Person erreichen.
- Sie können Ihren Unterlagen einen persönlichen Ton geben, indem Sie den Ansprechpartner mit Namen anreden.
- Sie wissen, an wen Sie sich mit etwaigen Fragen wenden können.

Wie Sie den richtigen Ansprechpartner herausfinden

Wichtig ist, dass Sie nicht „raten", wer wohl für Ihre Bewerbung zuständig sein wird. Zwar können Sie bei kleineren Firmen davon ausgehen, dass der Firmeninhaber selbst neue Mitarbeiter auswählt und einstellt und in größeren Unternehmen entweder die Personalabteilung oder die jeweiligen Abteilungsleiter für die Bewerberauswahl zuständig sind, doch das sind eben nur Anhaltspunkte.

An den Namen der richtigen Person kommen Sie über

- Stellenanzeigen des Unternehmens,
- die Firmen-Website (Bereich Job/Karriere/Personal oder auch Kontakt).

Sollte es nirgends eindeutige Hinweise geben, können Sie das Unternehmen telefonisch kontaktieren und die richtige Abteilung/den richtigen Ansprechpartner erfragen. Sagen Sie, dass Sie sich gerne bewerben möchten, und fragen Sie nach, an wen Sie sich wenden sollen. Ist es die Geschäftsleitung, die Personalabteilung oder die Fachabteilung? Und wer dort genau?
Seien Sie höflich und bringen Sie zum Ausdruck, dass Sie dem Unternehmen die Arbeit erleichtern und sich direkt an den richtigen Ansprechpartner wenden wollen. So zeigen Sie, dass Sie über den Tellerrand gucken, und machen schon beim allerersten Kontakt einen guten Eindruck.
Bereiten Sie sich auf diesen Anruf gut vor und seien Sie flexibel. Es kann sein, dass Sie gleich mit der zuständigen Person verbunden werden – dann sollten Sie auch etwas Relevantes zu sagen haben. Es kann aber auch sein, dass Sie kurzerhand abgefertigt werden. Seien Sie dann nicht sofort eingeschnappt, sondern bitten Sie höflich um die Information oder streichen Sie das Unternehmen einfach von Ihrer Liste.

Tipp

Finden Sie sowohl den Vor- als auch den Nachnamen des Ansprechpartners heraus und lassen Sie ihn sich buchstabieren. Bitte auch dann, wenn er sich einfach anhört (Maier, Mayr, Meier, Meir, Meyr, Mayer und auch ein Bauer kann ein Baur sein).
Auch gibt es Vornamen, bei denen man sich nicht sicher ist, ob es sich um eine Frau oder einen Mann handelt: Bitte fragen Sie, statt zu spekulieren!

21. Die Bewerbungsmappe

Ein guter erster Eindruck sichert Ihnen die Aufmerksamkeit des Personalentscheiders. Eine wichtige Rolle spielt dabei auch der optische Eindruck Ihrer Bewerbung.

Mappe und Wirkung

Das Angebot an Mappen ist mittlerweile riesig. Üblich sind Plastik- oder Kartonmappen mit Klippmechanismus. Hier gibt es übrigens kein besser oder schlechter. Wählen Sie das Material, das Ihnen am besten gefällt. Achten Sie dabei vor allem auf Stabilität.

An Farben trauen sich leider nur sehr wenig Bewerber: Es dominieren nach wie vor gedeckte Farben wie Schwarz, Weiß, Grau und vor allem Dunkelblau. Dagegen ist nichts einzuwenden, wenn der Gesamteindruck stimmt, aber wählen Sie die Farbe bewusst aus. Überlegen Sie sich vorher, wie Sie eigentlich wirken wollen, denn „lebhaft-extrovertiert-beweglich" sieht anders aus als „seriös-zurückhaltend-glaubwürdig". Probieren Sie doch einfach mal verschiedene Mappen und prüfen Sie, wie sich der Gesamteindruck verändert: Passt das, was Ihnen beim Anblick der Mappen in den Sinn kommt, zu dem, was Sie beim Empfänger auslösen möchten?

Wichtig ist, dass Sie sich mit Ihren Bewerbungsunterlagen wohl fühlen – denn sie sind Ihre Visitenkarte. Und keine Sorge: Niemand bekommt eine Absage, nur weil dem Personalentscheider die Farbe einer Mappe nicht gefällt.

Bewerben kann ganz schön teuer werden, doch sparen Sie bitte nicht am falschen Ende. Investieren Sie lieber etwas mehr in eine wirklich gute Bewerbung, denn dadurch steigen Ihre Chancen enorm – und damit ist nicht nur Geld gemeint, sondern auch Zeit und Energie.

Tipp

Sammeln Sie alle Belege, die mit Ihrer Bewerbung zu tun haben. Sie können diese Kosten in Ihrer Steuererklärung als Werbungskosten geltend machen.

Sauberkeit und Sorgfalt

Ganz wichtig ist, dass die gesamte Bewerbung einen einwandfreien Eindruck macht. Dazu gehören:

- eine sinnvolle Ordnung der Schriftstücke
- einwandfrei kopierte und gut lesbare Anlagen
- Fehlerfreiheit (Rechtschreibung prüfen!)
- eine Überprüfung der Mappe vor dem Versand auf Macken (abgestoßene Ecken, Knicke, Notizen des Personalers einer anderen Firma ...)
- Vollständigkeit der Unterlagen
- Aktualität (zum Beispiel aktuelles Datum im Lebenslauf)
- gutes Papier: Das kann das reguläre 80 g „Schreibmaschinenpapier" sein, für Anschreiben und Lebenslauf macht sich aber auch ein etwas festeres Papier (etwa 90 oder 100 g) sehr gut.

Tipp

Auch die hochwertigen mehrteiligen Kartonmappen nehmen bei ungenügender Verpackung leicht Schaden und sehen schnell abgenudelt aus. Am besten verwenden Sie Kuverts mit Kartonverstärkung. So stellen Sie sicher, dass Ihre Bewerbung sauber und ohne Knicke beim Empfänger ankommt. Außerdem schützen Sie Ihre Bewerbungsmappe – auch bei mehrmaligem Versand der gleichen Unterlagen bleibt die Mappe länger „heil".

22. Das Anschreiben

Jetzt sind wir beim Herzstück Ihrer Bewerbung. Mit dem Anschreiben zeigen Sie Profil, machen Eindruck, wecken Neugier ... oder gehen in der Masse unter!

Bestandteile eines guten Anschreibens

Aus Ihrem Anschreiben sollte hervorgehen:

- auf welche Position Sie sich bewerben
- wie Sie auf die Position/das Unternehmen aufmerksam geworden sind
- warum Sie sich bewerben (Ihre Motivation)
- warum Sie persönlich und fachlich qualifiziert sind (bitte nicht einfach den Lebenslauf „runterbeten“, sondern ausgewählte Aspekte, die für die Stelle besonders relevant sind, ins Anschreiben aufnehmen)
- einige Daten zu Ihrer Person
- gegebenenfalls Gehaltsvorstellungen und frühestmöglicher Eintrittstermin

Wichtig

Oft wird geraten, dass ein Anschreiben keinesfalls länger als eine DIN-A4-Seite sein darf. Und tatsächlich reicht eine Seite in der Regel auch vollkommen aus, wenn Sie relevant und aussagekräftig formulieren! Sollten Sie im Einzelfall mit einer Seite aber partout nicht auskommen, gilt: lieber eine zweite Seite und ein ansprechendes, gut lesbares Layout als eine Seite, auf der alles zusammengequetscht ist.

Ein gutes Anschreiben ist immer individuell

Hand aufs Herz: Schicken Sie mehr oder weniger den gleichen Brief, wenn Sie sich bewerben? Wenn Sie lediglich den Empfänger und den Betreff verändern, dann erweisen Sie sich einen Bärendienst, denn mit allgemein formulierten Anschreiben vergeben Sie eine Menge Chancen:

- Sie sind durch den Serienbrief-Charakter leicht als „Formbrief“ zu erkennen.
- Sie erwecken den Eindruck, als ob der Bewerber sich weder Mühe noch Gedanken über die Position gemacht hat.
- Sie sind profillos: Durch allgemeine Formulierungen kann der Bewerber nicht individuell genug auf den potenziellen Arbeitgeber und seine Motivation eingehen.

Häufig klingen Anschreiben übrigens nach Serienbrief, auch wenn tatsächlich mehrere Stunden Schweiß und Formulierungskünste drinstecken. Der Grund: Der Bewerber orientiert sich an Musteranschreiben oder übernimmt diese einfach.
Ein anderer sehr häufiger Fehler ist eine gestelzte, distanzierte Ausdrucksweise. Verfassen Sie Ihr Anschreiben in ganz normaler Sprache – so wie Sie auch mit einem Personalverantwortlichen sprechen würden – und formulieren Sie klar und aussagekräftig. Vermeiden Sie Floskeln wie „Ich suche eine neue Herausforderung“ oder das Aneinanderreihen populärer Schlagworte („Ich bin teamfähig, kommunikativ und Eigeninitiative ist sowieso selbstverständlich“).

Tipp

Haben Sie Ihr Anschreiben fertig? Dann lesen Sie es noch einmal laut. So erkennen Sie gestelzte oder missverständliche Formulierungen, langatmige Sätze und nichtssagende Floskeln.

23. Lebenslauf und Tätigkeitsprofil

Der Lebenslauf soll dem Personalverantwortlichen einen schnellen Überblick über Ihre Ausbildung und Ihren bisherigen beruflichen Werdegang geben. Helfen Sie ihm dabei.

Der Lebenslauf

Wichtig beim Lebenslauf ist, dass Sie gut strukturiert und übersichtlich Ihren Background darlegen. Der Lebenslauf sollte übrigens maximal zwei DIN-A4-Seiten umfassen. Üblich ist heute ein maschinengeschriebener tabellarischer Lebenslauf; handschriftlich nur dann, wenn das vom Unternehmen ausdrücklich so gefordert wird.
Denken Sie daran,

- Ihre Kontaktdaten vollständig anzugeben;
- sämtliche berufliche Stationen zu nennen (und dabei jeweils anzugeben, wie lange Sie dort tätig waren);
- die einzelnen Positionen/Tätigkeiten aussagekräftig zu benennen;
- eventuell dazuzuschreiben, in welcher Art von Unternehmen Sie tätig waren, sofern das aus dem Firmennamen nicht deutlich wird;
- zusätzlich zu festen Angestelltenverhältnissen auch andere Tätigkeiten anzuführen (zeitlich befristete Arbeitsverhältnisse, Selbstständigkeit ...);
- weitere Kenntnisse (Sprachen, Computer) klar zu benennen, sodass man erkennen kann, wie „fit“ Sie sind.
- den Lebenslauf mit dem aktuellen Datum zu versehen und handschriftlich zu unterschreiben.

Wenn Sie schon mehrere Jahre im Beruf stehen, drehen Sie den Lebenslauf am besten um: Beginnen Sie mit der aktuellen Position und arbeiten Sie sich zurück bis zum Schulabschluss (dabei genügt es, den höchsten Abschluss anzugeben). Darunter kommen dann weitere Kenntnisse und Fähigkeiten.

Das Foto

Ein gutes Bild (nicht aus dem Automaten!) macht Ihre Bewerbung komplett und vermittelt einen persönlicheren Eindruck. In der Regel hat das Bewerbungsfoto Passbildformat, es darf aber ruhig auch etwas größer sein. Ob Farb- oder Schwarzweiß-Foto das entscheiden Sie – achten Sie bitte nur darauf, dass die Kontraste gut sind und Sie nicht etwa im Hintergrund verschwinden.
Das Foto kleben Sie auf die erste Seite Ihres Lebenslaufs neben die Kontaktdaten. Sie können aber auch ein schönes Deckblatt für Ihre Bewerbung kreieren.

Das Tätigkeitsprofil

Möchten Sie gerne einzelne frühere Positionen etwas näher aufschlüsseln und Ihren Aufgaben- und Verantwortungsbereich etwas spezieller schildern? Dann fügen Sie ein separates Tätigkeitsprofil dazu.
Das macht besonders dann Sinn, wenn Sie bereits einschlägige berufliche Erfahrungen haben, die für die Position, auf die Sie sich bewerben, relevant sind. Beim Tätigkeitsprofil brauchen Sie übrigens keineswegs alle beruflichen Stationen noch einmal näher beschreiben, sondern nur diejenigen, die für die aktuelle Bewerbung passend sind.

Tipp

Bitte seien Sie beim Lebenslauf immer aufrichtig! Lassen Sie auf keinen Fall berufliche Stationen weg und versuchen Sie nicht, etwaige Zeiten der Arbeitslosigkeit zu verstecken.

24. Zeugnisse und Zertifikate

Neben einem individuellen Anschreiben und Ihrem Lebenslauf gehören in eine gute Bewerbung Zeugnisse und Zertifikate.

Zeugnisse

Müssen alle Zeugnisse beigelegt werden? Bei einer vollständigen Bewerbung ja. Ausnahme ist die Kurzbewerbung, bei der neben einem Anschreiben lediglich ein Lebenslauf und eventuell ein Tätigkeitsprofil erforderlich sind.
In eine komplette Mappe gehören also:

- das Zeugnis des höchsten Schulabschlusses
- gegebenenfalls Universitätsabschluss
- gegebenenfalls das Ausbildungszeugnis
- Zeugnisse/Nachweise über Praktika
- Zeugnisse über etwaige Zusatzausbildungen
- sämtliche Arbeitszeugnisse Ihrer Angestelltentätigkeiten

Sortieren Sie die Zeugnisse chronologisch – das aktuellste ganz oben. Sofern sich ältere Zeugnisse darunter befinden, die Sie nicht so schmeichelhaft finden, machen Sie sich keine Sorgen: Wichtig sind Ihre aktuellsten beruflichen Stationen.

Wichtig

Verschicken Sie keine Originale und achten Sie darauf, dass Ausdrucke und Kopien einwandfrei sind: Schräge oder fleckige Kopien durch schlecht gewartete oder altersschwache Geräte trüben den Gesamteindruck Ihrer Bewerbung.

Haben Sie vergessen, sich von einem früheren Arbeitgeber ein Zeugnis ausstellen zu lassen? Dann fragen Sie dort nach. Zwar kann man Ihnen vielleicht kein qualifiziertes Zeugnis mehr ausstellen, aber ein einfaches Zeugnis, aus dem Ihre Position und der Zeitraum hervorgehen, kann Ihnen jede Firma auch nachträglich noch geben.

Zertifikate

Natürlich sollten Sie auch belegen, wenn Sie sich nebenbei weitergebildet, also Kurse zu bestimmten Computerprogrammen, Sprachen oder sonstigen beruflich relevanten Themen besucht haben. Achten Sie jedoch darauf, dass Sie Ihre Bewerbung nicht künstlich aufblähen. Es geht nicht darum, möglichst viele Anlagen zu haben! Legen Sie also nur Nachweise über Wissen und Kenntnisse bei, die Sie tatsächlich parat haben und die noch aktuell sind.
So wäre es beispielsweise nicht besonders interessant, wenn Sie einen Nachweis über einen zweitägigen Computerkurs über Windows 3.1 haben, das seit Jahren niemand mehr nutzt. Oder ein Zertifikat über Business Englisch von vor zehn Jahren, wenn Ihre Englischkenntnisse mittlerweile eher verkümmert sind.

Tipp

Gerade wenn Sie mehrere Anlagen haben, können Sie Ihre Bewerbungsunterlagen ansprechend gestalten und gut strukturieren, indem Sie mit Zwischenblättern arbeiten: Heften Sie vor den Zeugnissen und Zertifikaten ein festeres Trennblatt ein, das Sie rechts oben mit dem Computer sauber beschriften. Bei vielen Anlagen können Sie die Arbeitszeugnisse auch von Fortbildungszertifikaten trennen und innerhalb der jeweiligen Kategorie chronologisch sortieren.

25. Die E-Mail-Bewerbung

Internet macht's möglich – mit ein paar Klicks können Sie schnell und kostengünstig mit Firmen in Verbindung treten. Doch die elektronische Bewerbung hat's in sich ...

Macht die elektronische Bewerbung überhaupt Sinn?

Viele Firmen sind im Internet – doch das heißt noch nicht, dass eine elektronische Bewerbung dort auch gut ankommt. Es gilt daher: Wenn auf einer Firmen-Website nicht ausdrücklich die Einladung zur E-Mail-Bewerbung steht, empfehlen wir, dass Sie dort telefonisch nachfragen. Im Zweifelsfall wählen Sie besser den Postweg.

Wichtig

Auf keinen Fall sollten Sie Bewerbungskorrespondenz über Ihre berufliche Mailadresse abwickeln! Das macht sowohl beim alten als auch beim neuen Arbeitgeber einen sehr schlechten Eindruck. Auch Spaßadressen à la butterbrot@domain.com sind eher kontraproduktiv.

Das „Anschreiben" ist Ihre E-Mail

Das Textfeld Ihrer E-Mail ist Ihr Anschreiben. Natürlich fallen beim elektronischen Anschreiben einige übliche Formatierungen weg, doch ansonsten gilt dafür dasselbe wie für den Bewerbungsbrief per Post: Es muss hervorgehen, wofür Sie sich bewerben und warum Sie fachlich und persönlich qualifiziert sind.

Bitte lassen Sie sich nicht durch das Medium hinreißen, kurz angebunden oder flapsig zu sein. Emoticons (Smileys und Abkürzungen) haben in einer Bewerbung nichts zu suchen. Senden Sie Ihre E-Mail nicht an allgemeine Adressen wie info@ oder mail@, sondern erfragen Sie vorher den richtigen Ansprechpartner! Gut ist es auch, eine Signatur anzubringen, das heißt, Ihre vollständigen Kontaktdaten noch einmal am Ende der E-Mail anzuhängen.

Was Sie bei Anlagen beachten sollten

Eine E-Mail-Bewerbung ist in der Regel eine Kurzbewerbung – mit Lebenslauf und, wenn nötig, einem Tätigkeitsprofil. Bei den Anlagen sollten Sie Folgendes beachten:

- Dateiformat: Zwar gibt es gängige Formate, wie MS Word, PDF. Dennoch sollten Sie nachfragen, welches Dateiformat die Firma wünscht. Es ist ärgerlich, wenn Ihre Anlagen nicht geöffnet werden können, weil das Programm nicht vorhanden ist oder die Version nicht passt.
- Dateigröße: Gerade bei Bildern wird häufig versäumt, diese ordentlich zu komprimieren, sodass Bewerbungen teilweise mehrere MB groß sind und der Download ewig dauert.
- Schriftart: Bei der elektronischen Bewerbung wird eine Schrift, die der Empfänger nicht hat, durch eine andere ersetzt – damit kann Ihr ganzes Layout in die Binsen gehen. Standards sind zum Beispiel Arial, Times New Roman.
- Viren: Prüfen Sie Ihre Anlagen immer mit einem aktuellen Virenscanner auf Virenfreiheit!

Wichtig

Halten Sie immer auch eine Bewerbungsmappe bereit, da manche Firmen diese auf dem Postweg nachfordern oder Sie bitten, sie zum Gespräch mitzubringen.

26. Ihre Motivation rüberbringen

Für das Unternehmen ist es natürlich sehr interessant, warum Sie sich ausgerechnet dort bewerben. Darum sollte Ihre Motivation auch unbedingt aus Ihrem Anschreiben klar hervorgehen.

Warum dieses Unternehmen?

Nehmen Sie doch einmal kurz die Perspektive des Personalverantwortlichen ein: Bestimmt möchten Sie doch auch erfahren, warum ein Bewerber sich für Ihr Unternehmen interessiert, oder? Und möglicherweise würden auch Sie die Bewerber gleich aussortieren, die dem Anschein nach nur in „irgendeiner" Firma einen Job haben wollen.
Vergeben Sie hier also bitte keine Chancen, sondern machen Sie Ihr Interesse an dem jeweiligen Unternehmen in Ihrem Anschreiben deutlich.
Mögliche Gründe, sich bei einem Unternehmen zu bewerben sind:

- das gute Image der Firma
- die Qualität der Dienstleistung/des Produkts
- die jeweilige Firmenphilosophie
- die Größe der Firma
- Internationalität

Ein guter Platz im Anschreiben, um Ihre Motivation ins Spiel zu bringen, ist der erste Absatz. Denn so machen Sie den Empfänger neugierig und sagen gleich am Anfang etwas, das ihn wirklich interessiert. Sie können aber auch am Ende des Anschreibens – nach Ihrer Selbstpräsentation – darauf hinweisen, warum Sie gerne für das Unternehmen arbeiten möchten.

Achtung

Es ist ziemlich wahrscheinlich, dass Ihnen die Frage, warum Sie dieses Unternehmen bzw. diese Stelle ausgewählt haben, auch im Vorstellungsgespräch gestellt wird. Setzen Sie sich deshalb unbedingt intensiv mit diesem Thema auseinander (→ 3. Gute Gründe haben) und verwenden Sie keine 08/15-Phrasen.

Warum diese Stelle?

Es ist vollkommen in Ordnung, einen konventionellen Einstieg zu wählen: „Mit großem Interesse habe ich gelesen, dass Sie ... suchen." Jedoch sollten Sie es dann nicht bei diesem nur wenig aussagekräftigen Satz belassen, sondern Ihr Interesse konkret benennen. Was genau reizt Sie an dieser Stelle? Warum finden Sie dieses Aufgabenfeld interessant? Warum möchten Sie diese Position haben?

Mögliche Gründe, sich für eine Stelle zu bewerben, sind:

- der Wunsch, bestimmte Kompetenzen einzubringen und/oder auszubauen
- die Begeisterung für bestimmte Tätigkeiten und Aufgaben
- die Möglichkeit, selbstverantwortlich tätig zu sein
- die Vielfalt des Aufgabenbereichs
- der Wunsch, Verantwortung zu übernehmen

Wichtig

Es geht um Ihre ganz persönliche Motivation und darum, sie überzeugend und souverän rüberzubringen. Bitte erfinden Sie keine Gründe, sondern bleiben Sie sich selbst treu. Sagen Sie nicht nur „Die Aufgabe reizt mich, weil sie so vielfältig ist", sondern erklären Sie, was genau Sie damit meinen.

27. Das Vorstellungsgespräch — Marketing in eigener Sache

Gutes Eigenmarketing hat nichts mit Show zu tun. Sondern es geht darum, sich als individuelle Persönlichkeit zu präsentieren, authentisch zu sein und überzeugend aufzutreten.

Profil zeigen

Viele Menschen verstehen unter Selbstmarketing, dass man sich möglichst „gut verkauft", das heißt alle Erwartungen des Gesprächpartners erfüllt und bloß in kein Fettnäpfchen tritt. Die Gefahr dabei ist, dass man sich selbst und die eigene Besonderheit aus den Augen verliert – also kaum Profil zeigt und deshalb einen schwachen oder falschen Eindruck beim Unternehmen hinterlässt. Gutes Selbstmarketing bedeutet, dass Sie wirklich etwas über sich aussagen und sich als die einzigartige Persönlichkeit präsentieren, die Sie tatsächlich sind.

Profil zeigen Sie unter anderem so:

- Sagen Sie explizit, welche fachlichen Qualitäten Sie haben.
- Heben Sie Ihre persönlichen Kompetenzen hervor.
- Sprechen Sie Ihre starken Seiten an.
- Bringen Sie Ihre Motivation, Ihre Erwartungen und Ziele zur Sprache.

Authentisch sein

Mit dem Begriff Selbstmarketing wird auch oft verbunden, dass man sich verstellen soll, um ein möglichst makelloses Bild abzugeben. Doch mit Show und Fassade hat gutes

Selbstmarketing nichts zu tun – schließlich wollen Sie sich nicht unter falschen Vorzeichen irgendwo „einschleichen", sondern einen erfüllenden Job in einem Unternehmen, in das Sie hineinpassen. Aus diesem Grund sollten Sie sich gerade nicht verstellen, sondern ganz offen und authentisch auftreten, indem Sie:

- nur Dinge sagen, hinter denen Sie stehen können
- nur etwas über sich selbst aussagen, was auch wirklich zutrifft
- Schwächen und Defizite zugeben und eine Lösung anbieten
- gute Umgangsformen wahren, ohne steif zu sein

Dabei ist es wichtig, dass Sie Ihrer Persönlichkeit treu bleiben und nicht ein Verhalten an den Tag legen, das nicht zu Ihnen passt und damit unnatürlich wirkt. Wenn Sie also zum Beispiel ein eher zurückhaltender Mensch sind, sollten Sie zwar aktiv am Gespräch teilnehmen, sich aber nicht als extrovertierten Menschen präsentieren.
Übrigens: Gute Personalentscheider merken sehr schnell, wenn ein Bewerber eine Show abzieht und nicht aufrichtig ist. Denn die Körpersprache, die sich nur zu einem geringen Teil wirklich bewusst steuern lässt, verrät ihn. Deshalb haben Sie die besten Karten, wenn Sie sich selbst gut kennen und schätzen (→ 4. Wer bin ich?/5. Was kann ich?) – und das authentisch rüberbringen.

Auf einen Blick

Gutes Selbstmarketing bedeutet, dass Sie sich als Persönlichkeit greifbar machen, und zwar als die Persönlichkeit, die Sie wirklich sind. Das geht am besten, indem Sie Ihre Qualitäten aktiv und selbstbewusst ansprechen und auch Ihre Defizite nicht verleugnen, sondern konstruktiv damit umgehen.

28. Auch im Gespräch aktiv sein

Nutzen Sie das Vorstellungsgespräch aktiv, um sowohl mit Ihren fachlichen als auch mit Ihren persönlichen Qualitäten zu überzeugen.

Interesse zeigen

Mit Aktivität ist gemeint, dass Sie sich einbringen und intensiv am Gespräch teilnehmen sollen und nicht immer nur reagieren. Zeigen Sie Interesse, indem Sie:

- Ihren Interviewpartner offen und freundlich begrüßen
- sich auf den Smalltalk am Anfang einlassen
- auf alle Fragen intensiv und ausführlich antworten
- nachfragen, wenn Ihnen etwas nicht ganz klar ist oder Sie besonders interessiert
- selbst Fragen stellen und Informationen einholen
- für Sie wichtige Themen von sich aus ins Spiel bringen

Es ist hilfreich und sinnvoll, sich während des Gesprächs wichtige Informationen zu notieren. Damit zeigen Sie, dass Sie die Dinge selbst in die Hand nehmen und wirkliches Interesse haben. Außerdem stellen Sie so sicher, dass Ihnen nichts Relevantes durch die Lappen geht, wenn Sie das Gespräch später nachbearbeiten.

Tipp

Sprechen Sie an, dass Sie sich gerne ein paar Notizen machen möchten. Notieren Sie aussagekräftige Stichpunkte, mit denen Sie später wirklich etwas anfangen können.

Rundum überzeugend

Es ist sehr wichtig, dass das, was Sie mit Worten ausdrücken und über sich selbst erzählen, auch mit Ihrem Verhalten, Ihrem Auftreten und Ihrer Körpersprache übereinstimmt. Wenn Sie sich selbst „gute Kommunikationsfähigkeiten" attestieren, dann sollten Sie diese im Gespräch unter Beweis stellen – und sich nicht alles aus der Nase ziehen lassen. Achten Sie darauf, dass Sie Ihr „großes Interesse" am Unternehmen und an der Position nicht nur verbal ansprechen, sondern deutlich zeigen, indem Sie sich auf Ihren Gesprächspartner konzentrieren, aktiv zuhören und möglichst viel erfahren wollen.

„Erzählen Sie doch etwas über sich!" Häufig wird ein Vorstellungsgespräch mit dieser Aufforderung eröffnet. Bitte interpretieren Sie das keinesfalls als „Falle", sondern als Chance, um die Nervosität zu senken, sich „warm zu reden" und sich von Anfang an als Persönlichkeit einzubringen. Überlegen Sie im Vorfeld, was Sie über sich erzählen wollen, und bereiten Sie eine kurze Selbstpräsentation vor. Natürlich können Sie Ihren Werdegang erzählen, wichtig ist nur, dass Sie einen roten Faden haben, die für die angestrebte Stelle relevantesten Erfahrungen erwähnen und auch Ihre persönlichen Kompetenzen betonen.

Wichtig

Kleiden Sie sich dem Anlass entsprechend, das heißt je nach Unternehmen und Position mehr oder weniger formell, aber natürlich immer sauber und ordentlich. Vermeiden Sie aber, sich in einer Form herauszuputzen, die Ihnen so fremd ist, dass Sie sich unbehaglich fühlen. Grundsätzlich sollte nichts kneifen oder rutschen – Ihre Kleidung darf Sie im Gespräch nicht ablenken.

29. Fragen stellen

Bereiten Sie Fragen vor und stellen Sie sie im Gespräch, um alles zu erfahren, was für Sie wichtig ist, und natürlich auch, um sich als aktive Persönlichkeit zu präsentieren.

Fragen zu Unternehmen, Job und Umfeld

In den meisten Vorstellungsgesprächen wird der Bewerber irgendwann dazu aufgefordert, selbst Fragen zu stellen. Dann sollten Sie auf jeden Fall welche parat haben – und zwar nicht nur die nach Gehalt, Urlaub und Sozialleistungen. Welche Fragen Sie stellen, wofür Sie sich interessieren und wie viele Gedanken Sie sich im Vorfeld gemacht haben, prägt das Bild, das Sie bei Ihrem Gesprächspartner hinterlassen.

Wichtig

Bitte stellen Sie nur Fragen, an deren Beantwortung Sie auch interessiert sind. Es gibt Bewerber, die das Fragen-Stellen als eine Art Pflichtübung ansehen und sich krampfhaft irgendwelche Fragen zurechtlegen (z. B. das Gründungsjahr der Firma).

Hier ein paar Beispiele für Fragen, die Sie stellen können:

- Wie sieht ein typischer Arbeitstag/mein Arbeitsplatz aus?
- Für welchen Aufgabenbereich wäre ich verantwortlich?
- Wie viele Kollegen hätte ich?
- Wer wäre mein unmittelbarer Vorgesetzter?
- Welche Firmenphilosophie hat Ihr Unternehmen?
- Welche Entwicklungsmöglichkeiten bieten Sie Ihren Mitarbeitern?

Fragen zu den Erwartungen an Sie

Natürlich haben Sie sich intensiv mit den Anforderungen an die Stelle auseinander gesetzt und wissen auch bereits einiges über die Unternehmenskultur – sowohl auf Grund Ihrer Vorbereitungen als auch aus dem Gespräch selbst. Trotzdem sollten Sie das Gespräch dazu nutzen, um die Erwartungen zu klären, die das Unternehmen an Sie hat. Erstens erfahren Sie so von Mensch zu Mensch, worauf es ankommt. Zweitens zeigen Sie, dass Sie sich für die Firma interessieren und ihren Ansprüchen gerecht werden wollen.
Hier ein paar Beispiele für Fragen, die Sie stellen können:

- Wie sieht der ideale Mitarbeiter in Ihrem Unternehmen aus?
- Was ist Ihnen besonders wichtig?
- Sie haben „Teamfähigkeit“ als wichtige Voraussetzung genannt: Was genau bedeutet das in Ihrem Unternehmen?

Geschickt ist es auch, Aussagen über sich selbst mit einer Frage zu verknüpfen und so zum einen etwas Relevantes über sich zu erzählen und zum anderen etwas Wichtiges zu erfahren. Zum Beispiel: Es ist mir sehr wichtig, mich regelmäßig mit meinem Chef auszutauschen – welche Kommunikationskultur gibt es in Ihrem Unternehmen?

Tipp

Bereiten Sie Ihre Fragen schriftlich vor und nehmen Sie die Liste zum Gespräch mit. Sagen Sie Ihrem Gesprächspartner, dass Sie Fragen ausgearbeitet haben und Ihre Liste als Leitfaden nutzen wollen. Das ist keinesfalls peinlich, sondern Sie beweisen einmal mehr, dass Sie die Sache ernst nehmen und sich intensiv vorbereitet haben.

30. Das Gespräch „führen"

Im Vorstellungsgespräch geht es für beide Seiten darum, möglichst viel voneinander zu erfahren. Aber Sie werden dieses Ziel nur erreichen, wenn Sie sich aktiv am Gespräch beteiligen und die Richtung des Gesprächs mitbestimmen.

Das Gespräch mitgestalten

Wie das Vorstellungsgespräch abläuft und wie intensiv der Austausch ist, das sollten Sie nicht dem Personalentscheider alleine überlassen, sondern selbst einen aktiven Beitrag leisten. Damit ist keineswegs nur gemeint, dass Sie die von Ihnen vorbereiteten Fragen stellen, sobald Sie dazu eingeladen werden. Vielmehr ist es wichtig, dass Sie sich an allen Phasen des Gesprächs beteiligen und alle Möglichkeiten ausschöpfen, die Ihnen zur Verfügung stehen:

- Antworten Sie ausführlich auf die Fragen, die Ihnen gestellt werden. So liefern Sie Ihrem Gesprächspartner Anhaltspunkte, um den Dialog weiterzuführen – und bestimmen Richtung und Intensität des Gesprächs mit.
- Werden Sie konkret und führen Sie Beispiele an: Dadurch wird das Gespräch lebendiger und persönlicher – und Sie wirken engagierter.
- Fragen Sie nach, wenn Ihnen etwas unklar ist oder Sie besonders interessiert: So bestimmen Sie die Themen mit, über die Sie sich unterhalten.

Selbst die Initiative ergreifen

Nicht alle Personalverantwortlichen sind gute Interviewer und es ist nicht jedermanns Sache, intensive und für beide Seiten aufschlussreiche Vorstellungsgespräche zu führen. Es

kann also sein, dass Sie die Zügel selbst in die Hand nehmen müssen, weil Ihr Gesprächspartner zum Beispiel kaum Fragen stellt, den Dingen nicht auf den Grund geht, zu abstrakte Aussagen macht oder Sie mit Informationen überschüttet. Egal ob der Interviewer zu aktiv oder zu passiv ist: Sie haben immer einen Handlungsspielraum, den Sie ausschöpfen können, um das Gespräch in Ihrem Sinne zu beeinflussen.
Sie können beispielsweise:

- Ihre eigenen Antworten mit einer Frage abschließen – und so den Ball zurückspielen
- nachfragen, wenn Sie gerne mehr wissen möchten
- offene Fragen stellen (Wie meinen Sie das?)
- sagen, wenn Ihnen etwas nicht klar ist, und es sich erklären lassen
- einhaken und Ihre eigene Meinung zu einem Thema einbringen

Übrigens: Manchmal ist es sehr hilfreich, gleich bei der Begrüßung von sich aus aktiv zu werden. Wenn Sie beispielsweise merken, dass Ihr Gesprächspartner sich schwer tut mit der Eröffnung des Gesprächs, dann fangen Sie mit ein bisschen Smalltalk an: Erzählen Sie etwas über Ihre Anreise, über Ihre ersten Eindrücke im Unternehmen oder sprechen Sie ein Kompliment für die schönen Räume aus.
So werden Sie auch selbst lockerer und legen ein gutes Fundament für das kommende Gespräch.

Auf einen Blick

Nehmen Sie aktiv am Gespräch teil und bestimmen Sie mit, in welche Richtung es läuft und welche Themen besonders intensiv besprochen werden: indem Sie ausführlich antworten, nachfragen und selber Dinge ins Spiel bringen.

31. Einen Eindruck gewinnen

Halten Sie Augen und Ohren offen, um möglichst viel vom Unternehmen und seinen Mitarbeitern mitzubekommen. Zeigen Sie auch hier Interesse und seien Sie voll bei der Sache.

Die Wartezeit nutzen

Wenn Sie ein paar Minuten vor dem Gesprächstermin in der Firma eintreffen und etwas warten müssen, dann nutzen Sie diese Zeit, um die Menschen um Sie herum ganz bewusst wahrzunehmen: Wie verhalten sie sich Ihnen gegenüber und untereinander? Schauen Sie sich um und hören Sie aufmerksam zu. Achten Sie zum Beispiel darauf, wie am Empfang Kunden/Lieferanten behandelt werden, oder auf den Umgangston am Telefon. So bekommen Sie gleich einen ersten Eindruck von „dem richtigen Leben" im Unternehmen.
Achten Sie auch auf folgende Punkte:

- Wie werden Sie begrüßt? Wie kümmern sich die Leute um Sie? Welche Stimmung herrscht hier?
- Wie sieht die Firma optisch aus? Wie ist die Einrichtung? Wie sind die Farben und Lichtverhältnisse?
- Wie wirken die einzelnen Leute auf Sie, die vorbeikommen oder die Sie sehen können?
- Wie gehen die Leute miteinander um? Welcher Ton wird angeschlagen?
- Wie ist die Stimmung, das Betriebsklima?

Erste Kontakte knüpfen

Egal ob Sie im Empfangsbereich oder in einem anderen Raum auf Ihren Termin warten: Nutzen Sie sich bietende Gelegenheiten, um mit anderen in Kontakt zu treten und ein paar Worte zu wechseln. Das kann der Mitarbeiter sein, der sich um Sie kümmert und in den Besprechungsraum führt, das können aber auch Menschen sein, die Ihnen im Gang/in der Toilette über den Weg laufen oder die in den Raum kommen, in dem Sie warten. Grüßen Sie freundlich, stellen Sie sich vor und tauschen Sie ein paar Sätze aus.

Eine Führung durch die Firma

In vielen Unternehmen ist es üblich, dass Bewerber durch das Unternehmen oder durch die relevanten Abteilungen geführt werden. Wenn Ihnen das angeboten wird, dann sollten Sie sich für diese Gelegenheit bedanken und sie nutzen, um möglichst viel zu erfahren und sich selbst gut zu präsentieren – indem Sie aufmerksam bei der Sache sind, Interesse zeigen, Fragen stellen, Blickkontakt mit den Leuten aufnehmen, sich auf Gespräche einlassen und sich offen und freundlich verhalten.

Und das können Sie tun:

- aktiv zuhören und sich auf die Erklärungen konzentrieren
- sich aufmerksam umschauen, um möglichst viel mitzubekommen
- Blickkontakt zu den Leuten aufnehmen
- sich für die Arbeit der Einzelnen interessieren
- von sich aus Fragen stellen
- kurz etwas über sich sagen, wenn Sie vorgestellt werden

Auf einen Blick

Nutzen Sie die Zeit, um möglichst viel von der Firma, der Arbeitsatmosphäre und den Mitarbeitern mitzubekommen – und um einen positiven Eindruck von sich selbst zu hinterlassen. Es kann durchaus sein, dass Ihre Wirkung auf die bestehende Mannschaft bei der Entscheidung für oder gegen Sie eine Rolle spielt.

32. Schnuppertage

Ein oder mehrere Probearbeitstage sind eine gute Gelegenheit, zu zeigen, was man kann. Und Sie bekommen zudem einen unmittelbaren Eindruck vom Arbeitsalltag, der Sie erwartet.

Angebot des Unternehmens

Manche Unternehmen bieten Bewerbern Schnuppertage an, um sich gegenseitig besser kennen zu lernen, anstatt sofort einen Vertrag abzuschließen. Bitte seien Sie nicht überrascht oder gar gekränkt, wenn Ihnen das passiert: Das bedeutet keineswegs, dass das Unternehmen nicht von Ihnen überzeugt ist und man Ihnen deshalb „auf den Zahn fühlen" will. Es bedeutet eher, dass man Sie als vielversprechenden Kandidaten ansieht und Ihnen deshalb die Möglichkeit geben will, den Job „live" zu erleben. Wenn Sie an dem Unternehmen und der Stelle interessiert sind, dann sollten Sie diese Chance auf jeden Fall nutzen.

Wichtig

Es kann sein, dass Sie für Schnuppertage bezahlt werden (z. B. mit einem Stundenlohn, wie ihn auch Aushilfen erhalten), es kann aber auch sein, dass das Unternehmen kein Entgelt für Schnupperarbeitstage vorsieht. Wägen Sie ab, unter welchen Umständen Sie diese Möglichkeit ergreifen wollen, um sich zu beweisen und mehr über die Stelle/das Unternehmen zu erfahren.

Selbst Schnuppertage anbieten

Vielleicht erhalten Sie von der Firma nicht explizit das Angebot zur Probearbeit: Dann zeigen Sie ruhig Eigeninitiative,

indem Sie von sich aus anbieten, einen oder mehrere „Kennenlerntage" zu absolvieren.
Gerade für Quereinsteiger (in neue Berufsbilder oder Branchen) oder für Menschen, die nach einer längeren Pause wieder in den Beruf einsteigen, ist es ganz sicher ein Pluspunkt, wenn sie ihre Qualitäten durch „Probe-Arbeiten" unter Beweis stellen wollen.

Die Schnuppertage richtig nutzen

Natürlich ist es aufgrund der kurzen Zeit nicht möglich, Ihnen komplette Aufgabengebiete zu übertragen – das Probearbeiten wird also höchstwahrscheinlich darin bestehen, dass Sie einem oder mehreren Mitarbeitern über die Schulter schauen und zuarbeiten.
Nutzen Sie diese Möglichkeit trotzdem, um sowohl fachlich etwas mitzunehmen als auch Ihre Leistungen und Ihr Interesse unter Beweis zu stellen. Außerdem bietet sich hier die Möglichkeit, mit den potenziellen späteren Arbeitskollegen gute Kontakte aufzubauen.
Übrigens erwartet niemand, dass Sie bereits alles wissen und können. Setzen Sie sich deshalb bitte nicht unter Druck. Wenn Sie oft Fragen stellen, gleichzeitig dabei jedoch aktiv sind und praktisch mit anpacken, machen Sie trotzdem einen guten Eindruck!
Ihr Verhalten und wie „Sie sich anstellen" trägt selbstverständlich dazu bei, ob man Ihnen die Stelle anbietet.

Wichtig

Das Probearbeiten dient vor allem Ihnen selbst: Lassen Sie Ihre Eindrücke Revue passieren und überlegen Sie gut, ob Sie sich die Arbeit und das Umfeld so vorgestellt haben. Wenn ja: Wunderbar, dann wissen Sie jetzt, dass Sie dort gerne arbeiten würden. Wenn nein, sagen Sie bitte gleich ab!

33. Das Gespräch aktiv beenden

Zeigen Sie sich bis zum Schluss des Gesprächs von Ihrer aktiven Seite und fragen Sie ruhig nach, wie Sie bei Ihrem Gegenüber angekommen sind.

Feedback konstruktiv annehmen

Es kann sein, dass Ihr Gesprächspartner Sie am Ende des Gesprächs wissen lässt, welchen Eindruck er von Ihnen gewonnen hat. Das ist eine weitere Gelegenheit für Sie, sich als guter Zuhörer und als aktive Persönlichkeit zu beweisen: Hören Sie interessiert und aufmerksam zu. Fragen Sie nach, wenn Ihnen etwas unklar ist, und haken Sie auch bei oberflächlichen Aussagen wie „Ja, ich könnte mir durchaus vorstellen, dass Sie bei uns reinpassen“ nach. So können Sie nicht nur selbst mehr mit der Rückmeldung anfangen, sondern den guten Eindruck noch intensivieren.

Wichtig

Es kann passieren, dass Ihr Interviewer Ihnen überhaupt kein Feedback gibt. Das bedeutet jedoch keineswegs automatisch, dass Sie „aus dem Rennen“ sind und sich schlecht präsentiert haben. Es gibt Personalentscheider, die einfach nicht daran denken, persönliches Feedback zu geben. Andere tun sich schwer und möchten das Gespräch erst noch einmal Revue passieren lassen. Und wieder andere möchten an dieser Stelle einfach noch nichts sagen. Wenn Letzteres der Fall ist, wird Ihr Gegenüber es Ihnen mitteilen. Respektieren Sie das bitte auch.

Nach Feedback fragen

Sie können die Sache auch selbst in die Hand nehmen und am Ende des Gesprächs nachfragen, zum Beispiel so:

- Welchen Eindruck haben Sie von mir gewonnen?
- Können Sie sich vorstellen, dass ich die Position gut ausfüllen würde?
- Können Sie sich vorstellen, dass ich gut in Ihr Unternehmen/ins Team passen würde?

Sie können auch zuerst Ihre eigenen Eindrücke ansprechen und im Anschluss daran nach der Meinung Ihres Gesprächspartners fragen: „Vielen Dank für die ausführlichen Informationen und die interessante Führung. Ganz besonders hat mich beeindruckt, dass ... Ich kann mir sehr gut vorstellen, bei Ihnen mitzuarbeiten. Wie ist denn Ihr Eindruck aus unserem Gespräch?"

Selbstverständlich sollten Sie auch hier aufrichtig und authentisch sein. Erwähnen Sie positive Punkte nur dann, wenn sie Ihnen tatsächlich positiv aufgefallen sind.

Achten Sie bitte auch darauf, dass Sie „neutral" beziehungsweise positiv fragen, sonst erwecken Sie möglicherweise den Eindruck, selbst nicht so ganz überzeugt zu sein oder ein schlechtes Gefühl zu haben. Fragen à la „Was hätte ich besser machen sollen?" oder „Ich habe ein ganz schlechtes Gefühl jetzt ... wie bin ich denn bei Ihnen angekommen?" wären keine gute Wahl.

Auf einen Blick

Nutzen Sie das Gespräch auch, um etwas über Ihre Außenwirkung zu erfahren, indem Sie aktiv zuhören, wenn Ihr Gesprächspartner Ihnen seinen Eindruck schildert. Und indem Sie selbst aktiv nach Feedback fragen, wenn er es nicht tut.

34. Kontakt halten

Treten Sie mit dem Unternehmen in Kontakt und bringen Sie sich in Erinnerung. Sie signalisieren so Ihr Interesse und bleiben am Ball.

Sich für das Gespräch bedanken

Es kann eine gute Sache sein, sich noch einmal für das Gespräch zu bedanken. Allerdings sollten Sie das nicht automatisch, sondern nur in besonderen Fällen tun:

- wenn Sie sich sehr gut mit dem Interviewer verstanden haben
- wenn es ein besonders gutes Gespräch war
- wenn das Unternehmen Sie wirklich beeindruckt hat
- wenn Sie sehr stark an der Stelle interessiert sind

Sowohl ein Brief als auch ein Telefongespräch sollte immer Substanz haben und persönlich sein – pauschale Dankesbriefe oder Anrufe werden schlimmstenfalls als überflüssig oder gar lästig empfunden.

Wichtig

Da Sie sich wahrscheinlich bei mehreren Firmen parallel bewerben, kann es passieren, dass ein Unternehmen Sie einstellen möchte – Sie aber von Ihrer „Traumfirma" noch keine Antwort erhalten haben. Nehmen Sie in einem solchen Fall Kontakt zu dem Unternehmen auf, für das Sie „eigentlich" lieber arbeiten möchten. Sagen Sie, dass Sie eine Zusage von anderer Seite bekommen haben, betonen Sie, wie gerne Sie bei dem Unternehmen arbeiten möchten, und klären Sie, wie Ihre Chancen stehen.

Nachhaken

Bewerber fragen sich häufig, ob überhaupt und ab welchem Zeitpunkt sie ein Unternehmen kontaktieren können, wenn dieses nichts von sich hören lässt. In der Regel erfahren Sie im Vorstellungsgespräch, wie es weitergehen und bis wann das Unternehmen sich bei Ihnen melden wird. Wenn Sie innerhalb des vereinbarten Zeitraums nichts hören, können Sie auf jeden Fall die Initiative ergreifen und selbst nachhaken. Sie können Kontakt mit dem Unternehmen aufnehmen, um Folgendes herauszufinden:

- ob der Bewerbungsprozess noch im Gange ist
- bis wann Sie mit einer Entscheidung rechnen können
- wie Ihre Chancen stehen

Nutzen Sie die Gelegenheit auch, um noch einmal Ihr – ehrliches! – Interesse am Unternehmen und an der Stelle zu betonen.

Bitte haken Sie auf positive Weise nach. Nicht etwa unsicher oder gar negativ à la „Ich wollte mal fragen, ob ich überhaupt in der engeren Wahl bin".

Wichtig

Bitte vergessen Sie nicht, dass der Bewerbungsprozess sehr viel Arbeit im Unternehmen mit sich bringt und dass es oft sehr schwierig ist, zwischen mehreren vielversprechenden Kandidaten auszuwählen – ganz besonders, wenn mehrere Leute in den Entscheidungsprozess involviert sind. Nehmen Sie es dem Unternehmen nicht übel, sondern werden Sie selbst aktiv und nehmen Sie Kontakt auf. Seien Sie höflich und fragen Sie freundlich und ruhig nach, wie es um die Sache steht.

35. Feedback einholen

Auch wenn das Gespräch schon vorbei ist, können Sie noch ein Feedback einholen – wenn Sie echtes Interesse daran haben. Alles andere ist eher kontraproduktiv!

Es ist nicht zu spät

Es kann passieren, dass Sie im Vorstellungsgespräch selbst kein – oder nur unzureichendes Feedback bekommen: Möglicherweise hat der Interviewer es eilig, sodass er das Gespräch abrupt beenden muss und keine Zeit mehr dafür bleibt. Oder sowohl der Interviewer als auch Sie selbst haben versäumt, das Thema anzusprechen.
Nur weil das Gespräch schon gelaufen ist, ist es für Sie aber noch nicht zu spät! Machen Sie sich klar, was genau Sie erfragen und besprechen wollen. Und dann werden Sie aktiv und nehmen Sie Kontakt mit der Firma auf.

Wichtig

Wenden Sie sich nur dann mit der Frage um Feedback an das Unternehmen, wenn Sie echtes Interesse daran haben und wirklich etwas erfahren möchten. Wenn Sie es nur „pro forma" machen, um den Kontakt zu halten und sich in Erinnerung zu bringen, könnte man Sie leicht als aufdringlich oder als Bittsteller empfinden.

So können Sie Kontakt aufnehmen:

- Sagen Sie, wer Sie sind und worum es geht, und lassen Sie sich mit dem Personalentscheider verbinden.

- Bringen Sie sich und Ihr gemeinsames Gespräch in Erinnerung.
- Bedanken Sie sich nachträglich für das Gespräch/die Firmenführung.
- Erklären Sie kurz den Grund Ihres Anrufs.

Um Feedback bitten

Am Telefon können Sie im Prinzip genau dieselben Fragen stellen wie im Vorstellungsgespräch selbst. Wie immer ist es wichtig, dass Sie Ihren Gesprächspartner nicht unter Druck setzen, sondern interessiert und höflich nachfragen.
Mögliche Fragen sind:

- Unser Gespräch hat mir bestätigt, wie gerne ich für Ihr Unternehmen arbeiten würde. Wie schätzen Sie meine Chancen ein?
- Leider mussten wir unser Gespräch etwas abrupt beenden. Ich wäre Ihnen sehr dankbar, wenn Sie mir kurz sagen könnten, welchen Eindruck Sie von mir gewonnen haben.
- Vielen Dank für das Feedback, das Sie mir am Ende unseres Gespräches gegeben haben. Sie hatten besonders meine fachliche Kompetenz betont. Welchen Eindruck habe ich persönlich auf Sie gemacht?

Tipp

Gerade wenn Sie ein ungutes Gefühl haben, etwas im Gespräch nicht geklärt worden ist oder sich im Nachhinein Fragen aufgetan haben, sollten Sie nicht abwarten oder gar vor sich hingrübeln. Nehmen Sie Kontakt auf und gehen Sie den Dingen auf den Grund. Die Vorteile liegen auf der Hand: Sie verschaffen sich selbst Klarheit und können etwaige falsche Eindrücke aus der Welt räumen. Und Sie beweisen dem Unternehmen einmal mehr, wie interessiert Sie sind.

36. Mit Absagen umgehen

Sie werden kommen: die großen braunen Umschläge mit den Absagen und den Bewerbungsunterlagen. Nicht verzagen, Absagen bekommt jeder Bewerber. Gehen Sie konstruktiv damit um!

Eine einzige Stelle – viele Bewerber

In der Regel bekommen Unternehmen sehr viele Bewerbungen pro Stelle. Bei einer Initiativbewerbung kommt noch hinzu, dass es momentan vielleicht überhaupt keine freie Stelle gibt. Rechnen Sie also immer mit Absagen. Lassen Sie sich aber davon keinesfalls entmutigen oder gar frustrieren! Eine Firma hat in der Regel nun mal nur eine einzige Stelle zu besetzen. Allein daraus erkennen Sie, wie viele andere Bewerber ebenfalls eine Absage erhalten müssen.
Der Grund für eine Absage ist übrigens selten der, dass Ihre Bewerbung oder Ihr Vorstellungsgespräch schlecht war, sondern einfach, dass andere Kandidaten vielversprechender erscheinen. Und genau hier liegt Ihre Chance!

Wichtig

Die meisten Bewerbungen gehen schlichtweg in der Masse unter, weil sie zu uniform wirken: Der Bewerber zeigt nicht genug Profil, vermittelt seine persönlichen und fachlichen Pluspunkte nicht aktiv.

Wann kommt die Absage?

Der Zeitpunkt der Absage gibt Ihnen wichtige Hinweise: Erhalten Sie immer sofort die Unterlagen zurück, ohne dass es

zu einem Gespräch kommt? Dann sollten Sie überprüfen, ob Sie sich auf die richtigen Stellen bewerben: Sind es Stellen, die wirklich zu Ihrer Qualifikation passen – oder sind (oder wirken) Sie über- oder unterqualifiziert?
Checken Sie Ihre schriftliche Bewerbung konstruktiv-kritisch: Ist das Anschreiben aussagekräftig – oder hat es Serienbrief-Charakter? Passt formell alles, ist die Bewerbung vollständig? Verraten Sie genug über Ihre Person?
Wenn die Absage immer nach dem Gespräch kommt, ist es wichtig, dass Sie einen kritischen Blick auf Ihre Eigenpräsentation werfen. Lassen Sie das Gespräch Revue passieren: Wie sicher haben Sie sich gefühlt? Wie ist das Gespräch verlaufen? Waren Sie von einigen Fragen überrascht? Sind Sie nicht so zufrieden mit Ihren Antworten? Weswegen? Waren Sie sehr nervös und dadurch im Gespräch anders, als Sie sonst „eigentlich" sind?
Üben Sie ein Vorstellungsgespräch doch einmal mit jemandem, der Ihnen konstruktiv und offen Feedback gibt: Wie wirken Sie? Wie aussagekräftig sind Ihre Antworten? Verhalten Sie sich aktiv oder reaktiv? Wie gut sind Sie vorbereitet? Wirken Sie authentisch oder so, als hätten Sie einen Bewerbungsratgeber zu viel gelesen?
Wenn sich eine Firma gar nicht meldet, gehen Sie bitte nicht automatisch von einer Absage aus. Werden Sie aktiv: Rufen Sie an, bringen Sie sich in Erinnerung und fragen Sie nach dem Stand der Dinge.

Tipp

Wenn Sie bereits zu einem Gespräch eingeladen waren und lediglich eine neutral formulierte Absage erhalten, dann ist es durchaus legitim, telefonisch nach den Gründen für die Absage zu fragen.

37. Selbst absagen

Zeigen Sie sich aktiv und selbstverantwortlich bis zum Schluss, auch wenn Sie es sich anders überlegt haben und die Stelle für Sie nicht infrage kommt.

Sofort Bescheid geben

Wenn Sie sich für ein anderes Angebot entschieden haben oder die Stelle/das Unternehmen nach gründlicher Überlegung für Sie nicht infrage kommt, dann warten Sie nicht ab, bis das Unternehmen sich bei Ihnen meldet, um bei dieser Gelegenheit abzusagen. Bringen Sie die Sache zu einem guten Abschluss! Nehmen Sie Kontakt zum Unternehmen auf, sobald Sie Ihre Entscheidung getroffen haben. Das ist genau das, was Sie von einem Unternehmen im umgekehrten Falle auch erwarten würden. Denken Sie daran: Andere Bewerber, die ebenfalls auf glühenden Kohlen sitzen, bekommen unter Umständen noch nicht Bescheid, weil Sie Ihre Antwort unnötig hinauszögern.

Wichtig

Es kann sein, dass Sie dem Unternehmen unnötige Arbeit machen, wenn Sie nicht rechtzeitig absagen. Wenn Sie tatsächlich in die engere Wahl gekommen sind, werden möglicherweise bereits administrative Schritte eingeleitet, ein zweiter Durchgang geplant – oder andere interessante Kandidaten aussortiert. Zeigen Sie Stil und seien Sie fair – auch wenn Sie nicht in dem Unternehmen arbeiten wollen.

Hinterlassen Sie aber nicht einfach nur einen Satz auf dem Anrufbeantworter oder in einer E-Mail. Machen Sie sich bitte die Mühe und übermitteln Sie Ihre Nachricht in einem persönlichen Telefongespräch. Idealerweise sprechen Sie dabei mit der Person, die auch das Jobinterview geführt hat.

Freundlich und offen

Zeigen Sie sich von Ihrer besten Seite und werden Sie Ihre Botschaft freundlich und höflich los. Ergreifen Sie die Gelegenheit, um sich noch einmal für das Gespräch zu bedanken und (ehrlich empfundene!) positive Eindrücke zu erwähnen, die Sie vom Unternehmen oder im Vorstellungsgespräch gewonnen haben. Sprechen Sie Ihre Entscheidung offen und direkt an: Wenn Ihnen die Entscheidung schwer gefallen ist, können Sie das ruhig sagen.
Natürlich kann es Ihnen passieren, dass Sie nach den Gründen für Ihre Entscheidung gefragt werden. Gerade wenn Sie sehr interessant für die Firma wären, das Gespräch oder die Chemie zwischen dem Unternehmensvertreter und Ihnen besonders gut war, ist das sogar ziemlich wahrscheinlich. Bitte bereiten Sie sich auf diese Frage vor – und speisen Sie Ihren Gesprächspartner nicht mit einer pauschalen und nichtssagenden Erklärung ab.
So verstärken Sie Ihr positives Image – und man wird Sie in diesem Unternehmen in guter Erinnerung behalten.

Tipp

Denken Sie an den Spruch: „Man trifft sich im Leben immer zweimal." Auch das ist ein Argument dafür, hier guten Stil zu beweisen. Wer weiß – vielleicht haben Sie mit dem Unternehmen oder Ihrem Ansprechpartner dort später in anderem Kontext zu tun. Oder es ergibt sich ein weiterer Kontakt, etwa wenn Sie einige Jahre später eine Stellenausschreibung sehen, die Sie interessiert.

38. Die Vertragsverhandlung

Gratulation! Sie haben den Job so gut wie in der Tasche ... Jetzt geht's um die Konditionen und um den Vertrag. Und auch hier gilt es, einige Dinge zu beachten.

Stichwort Gehalt

Oft wird in diesem Zusammenhang auch von „pokern" gesprochen. Bitte tun Sie sich den Gefallen und spielen Sie keine Spielchen! Ihre Gehaltsvorstellungen sollten Sie sich vorher ausrechnen:

- Wie hoch sind Ihre Fixkosten (Miete, Versicherungen, Lebenshaltung und so weiter)?
- Auf welche Extras möchten Sie keinesfalls verzichten (Fitness-Studio, Urlaub ...)?
- Was möchten Sie gerne „obendrauf"?

All das sollten Sie sich vor Augen führen – denn nur dann können Sie Ihre persönliche Untergrenze und auch den Spielraum bestimmen, den Sie sich selbst einräumen können/wollen. Außerdem sollten Sie sich fragen, inwieweit Sie offen für anders geartete Gehaltsbestandteile sind, wie Firmenwagen, spezielle Fortbildungen, Aktienoptionen oder leistungsabhängige Prämien.

Wenn Sie nach Ihrem letzten Gehalt gefragt werden, geben Sie das bitte ordnungsgemäß an – spätestens auf der Lohnsteuerkarte sieht Ihr neuer Arbeitgeber es ohnehin. Keine Sorge: Ihr aktuelles Gehalt ist kein Fixpunkt dafür, was Sie bei einer neuen Firma fordern „dürfen". Wichtig ist: Die Firma sucht einen fachlich und persönlich qualifizierten Mitarbeiter – und der hat seinen Preis (der selbstverständlich in das Budget des Unternehmens passen muss). Argumentieren

Sie also nicht anhand Ihres vorherigen Gehalts, sondern damit, warum Sie das gewünschte Gehalt wert sind.

Stichwort Probezeit

In Deutschland ist es üblich, eine Probezeit zu vereinbaren. Diese beträgt in der Regel sechs Monate – teilweise auch weniger. Dabei gibt es zwei Möglichkeiten:

- Der Vertrag läuft nach der Probezeit automatisch weiter, wenn es zu keiner Kündigung gekommen ist.
- Der Vertrag wird befristet abgeschlossen und endet automatisch nach der vereinbarten Probezeit – wird das Arbeitsverhältnis weitergeführt, muss ein neuer unbefristeter Vertrag abgeschlossen werden.

Wenn Sie vereinbart haben, dass das Gehalt nach der Probezeit um einen bestimmten Betrag angehoben wird, sollten Sie auch dies im Vertrag festhalten lassen.

Weitere Konditionen

Erkundigen Sie sich auch nach weiteren Konditionen: Anzahl der Urlaubstage oder wie mit Überstunden verfahren wird (bezahlt oder Freizeitausgleich). Je nach Unternehmen und Branche kann es da durchaus Unterschiede geben.
Überlegen Sie sich auch hier vorher, wo und in welchem Rahmen Sie Zugeständnisse machen möchten und können.

Wichtig

Üblicherweise erhalten Sie den Vertrag zugeschickt – oder man händigt Ihnen diesen persönlich aus. Lesen Sie sich den Vertrag in Ruhe durch. Wenn Sie etwas nicht verstehen oder mit etwas nicht einverstanden sind, dann kontaktieren Sie Ihren Ansprechpartner in der Firma und fragen höflich nach.

39. Beispiel Stellengesuch

Typischer Anzeigentext:
Sekretärin, xx Jahre, in ungekündigter Stellung, selbstständiges Arbeiten in einem aufgeschlossenen Team gewöhnt. Organisationstalent, engagiert, zuverlässig, mit guten Kenntnissen in MS-Office, sucht neuen Wirkungskreis.

Die Bewerberin hatte keine besonderen Wünsche an die Position und Branche. Wichtig war ihr, eine anspruchsvolle Aufgabe als „rechte Hand vom Chef“ zu erfüllen und nicht nur „irgendeine Sekretärin“ zu sein. In ihrer derzeitigen Stelle fühlte sie sich unterfordert und war unzufrieden. Außerdem war ihr ein „aufgeschlossenes Team“ wichtig.
Unter Berücksichtigung dieser Kriterien ist folgender alternativer Vorschlag entstanden:

Beispiele für eine Überschrift:
Eine Assistentin, die anpackt
Selbstständige Sekretärin sucht fordernden Chef
Engagierte „rechte Hand“ sucht anspruchsvolle Stelle

Beispiel für den folgenden Text:
Engagierte Chefsekretärin (Alter), praxiserprobt, sucht interessante Aufgabe in aufgeschlossenem Team. Selbstverständlich versiert in MS Office.

Sie sehen, in der zweiten Variante ist mehr Leben im Text. Es ist zielstrebiger ausgedrückt, was die Bewerberin sucht, die ihr wichtigen Punkte sind hervorgehoben.
Alleine das Wort „praxiserprobt“ sagt viel mehr aus als „zuverlässig ...“ Die Überschrift ist jeweils sehr lebendig und „stark“ in der Aussage und fungiert als Eye-Catcher.

40. Das gehört in den Lebenslauf

Angaben zur Person

- Vorname Name (wenn verheiratet: Mädchenname, damit eventuelle Namensunterschiede in älteren Zeugnissen keine Verwirrung erzeugen)
- komplette Anschrift
- Kontaktdaten wie Telefon, E-Mail und Fax – auch wenn diese bereits auf dem Anschreiben oder auf einem separaten Deckblatt angegeben sind
- Staatsangehörigkeit, wenn anders als Deutsch
- Familienstand, Kinder

Bitte beachten:

- Der Familienstand ist „ledig“, „verheiratet“ oder „geschieden“. Häufig werden wir gefragt, ob man statt „geschieden“ nicht besser „ledig“ schreiben solle. Nach einer Ehescheidung sind Sie „geschieden“. Bitte nicht mit „Single sein“ verwechseln.
- E-Mail bitte nur angeben, wenn Sie Ihre Mails täglich abrufen.

Beruflicher Werdegang

Bitte geben Sie Ihre beruflichen Stationen konkret an. Das bedeutet: genaue Bezeichnung des Berufs, Zeitraum von ... bis ... mit Monatsangabe und Jahr, Firmenname/-bezeichnung und Ort.
Beispiel:

02/1998 – 04/2000	Datentypistin, Präsidium der Bayerischen Bereitschaftspolizei, Sachgebiet Werbung und Einstellung, München

wenn Sie momentan noch berufstätig sind:

seit März 2000	Entwicklungsingenieur, ABC Hörgeräte GmbH, Ingolstadt

oder

03/2000 – dato	Entwicklungsingenieur, ABC Hörgeräte GmbH, Ingolstadt

Wenn Sie etwas hervorheben möchten, dann drucken Sie bitte Ihre Berufsbezeichnung fett – aber nicht den Namen der Firma, Sie möchten dem Leser ja schnell einen Überblick über Ihren Werdegang verschaffen. Darum heben Sie bitte die Aspekte hervor, die Sie betreffen.

Bei männlichen Bewerbern
Wehr- bzw. Zivildienst

Schule/Ausbildung
Es genügt der höchste Schulabschluss (zum Beispiel mittlere Reife).
Außerdem gehört in diesen Abschnitt:
- Informationen zu Uni/Studium
- Berufsausbildung
- Sonstige Weiterbildung

Je nachdem, wie Ihr Lebenslauf aussieht, können Sie diesen Abschnitt natürlich auch sinnvoll unterteilen, beispielsweise weitere berufliche Fortbildung/Abschlüsse in einen separaten Punkt aufnehmen.

Weitere Kenntnisse und Fähigkeiten
Computerkenntnisse, Sprachen; wenn für die Stelle erforderlich: Angaben zu Führerschein
Diese Informationen sollten möglichst aussagekräftig sein:

also nicht nur „Computerkenntnisse“, sondern konkrete Programme (zum Beispiel MS Office-Paket). Geben Sie auch den Grad Ihrer Kenntnisse an (zum Beispiel Englisch – verhandlungssicher, Französisch – Grundkenntnisse).

Hobbys/Interessen

Es ist optional, ob Sie persönliche Interessen angeben möchten. Wir empfehlen es, weil es ein Thema ist, auf das man später im Gespräch eventuell gerne eingeht. Es kann auch gut sein, dass Sie durch ein Hobby besonders interessant wirken oder auch Gemeinsamkeiten entdecken.
Bitte geben Sie nur Interessen an, die tatsächlich stimmen. Erfinden Sie nicht irgendetwas, das „gut“ klingt.

Datum und Unterschrift

Der Lebenslauf wird mit dem aktuellen Datum versehen und handschriftlich unterzeichnet.

41. Typische Fragen im Gespräch

Es gibt eine Reihe von Standardfragen, die in der einen oder anderen Form zu einem Bewerbungsgespräch dazugehören.

Ihre fachliche Qualifikation

Auch wenn sich der Unternehmensvertreter ausführlich mit Ihren Bewerbungsunterlagen beschäftigt hat, über Ihren Werdegang und Ihre fachlichen Kompetenzen einiges weiß, wird dieses Thema im Vorstellungsgespräch eine Rolle spielen. Denn ein guter Personalentscheider gibt sich nicht mit den Informationen auf Papier zufrieden, sondern will direkt von Ihnen erfahren, was Sie können und wie Sie sich selbst einschätzen.

Auch die Frage nach Defiziten und Schwächen (fachlich wie persönlich) wird in den meisten Bewerbungsgesprächen gestellt. Bitte gehen Sie auf diese Fragen ein und verstecken Sie sich nicht hinter „salonfähigen" und möglichst unverfänglichen Schwächen. Angenommen, Ihre Englischkenntnisse sind nicht ausreichend: Sprechen Sie das an – und sagen Sie gleich dazu, was Sie planen, um dieses Defizit auszugleichen. So beweisen Sie, dass Sie eine eigenverantwortliche und aktive Persönlichkeit sind.

Ihre persönlichen Kompetenzen

Unternehmen legen immer mehr Wert darauf, die Persönlichkeit ihrer Bewerber kennen zu lernen und abzuchecken, ob sie ins Unternehmen und ins Team passen. Denn nur die fachliche Qualifikation oder gute Noten sagen wenig darüber aus, ob Sie sich als Mitarbeiter bewähren werden.

Stichwort Gehalt

Über Konditionen redet man in der Regel noch nicht im ersten Gespräch – es sei denn, der Personalentscheider spricht es von sich aus an. Sofern Sie also nach Ihren Gehaltsvorstellungen gefragt werden, antworten Sie bitte. Beginnen Sie hier kein Pingpong à la „Sagen Sie zuerst, was Sie bezahlen".

Fragen, die in dieser oder einer anderen Form im Vorstellungsgespräch gestellt werden

- Warum bewerben Sie sich bei uns/auf diese Position?
- Was wissen Sie über unsere Branche/unser Unternehmen?
- Wie muss ein Unternehmen sein, damit Sie sich damit identifizieren?
- Welches fachliche Know-how würden Sie in unser Unternehmen einbringen?
- Inwiefern erfüllen Sie die fachlichen Anforderungen, die wir stellen?
- Welche persönlichen Kompetenzen zeichnen Sie aus?
- Wo liegen Ihre besonderen Stärken?
- Wo haben Sie Schwächen und Defizite?
- Warum glauben Sie, dass Sie diese Position gut ausfüllen könnten?
- Wie würden Sie sich selbst beschreiben?
- Wir legen besonderen Wert auf gute soziale Kompetenzen: Was verstehen Sie darunter? Inwiefern verfügen Sie darüber?
- Welches war bisher Ihr größter Erfolg/Misserfolg?
- Wie gehen Sie mit Erfolgen/Misserfolgen um?
- Was möchten Sie beruflich erreichen? In welche Richtung wollen Sie sich weiterentwickeln?
- Was motiviert Sie? Was demotiviert Sie?
- Welches war Ihre beste beziehungsweise Ihre schlimmste Erfahrung im bisherigen Berufsleben?
- Welche Erwartungen haben Sie an unser Unternehmen/an Ihre Vorgesetzen/an Ihre Kollegen?
- Inwiefern sind Sie ein guter Mitarbeiter und ein guter Kollege?

- Was ist Ihnen das Wichtigste an der Arbeit?
- Wie stehen Sie zu Überstunden?

Fragen, die Sie selbst im Bewerbungsgespräch stellen können

- Welche Erwartungen haben Sie an mich?
- Aus welchen Tätigkeiten besteht der Aufgabenbereich genau?
- Wie würde ein typischer Arbeitstag aussehen?
- Wie würde mein Arbeitsplatz aussehen?
- Wie groß ist die Abteilung? Wie viele Kollegen hätte ich?
- Wie würde meine Einarbeitung ablaufen?
- Welche Art von Persönlichkeit suchen Sie genau?
- Wie ist Ihre Firmenphilosophie?
- Sie erwarten, dass Ihre Mitarbeiter über soziale Kompetenzen verfügen. Was genau verstehen Sie darunter?
- Für mich ist ein gutes Betriebsklima sehr wichtig und ich verstehe darunter, dass ... Wie beurteilen Sie das Betriebsklima in Ihrem Unternehmen?
- Welche langfristigen Perspektiven bieten Sie Ihren Mitarbeitern?

42. Einstellungstests/Assessment Center

Nicht überall gibt es Tests im Bewerberauswahlverfahren. Wenn Sie zu einem Praxistest oder in ein richtiges Assessment Center (AC) gebeten werden: Keine Panik!

Was auf Sie zukommt

Ein praktischer Test ist mittlerweile weit verbreitet – und eine schöne Chance für Sie, zu zeigen, was Sie können und wie Sie sind. In welchem Umfang eine Firma Bewerber testet, ist unterschiedlich. Bei einer Position, in der Fremdsprachen wichtig sind, kann es sein, dass man mit Ihnen Englisch spricht. Wenn Computerkenntnisse wichtig sind, werden Sie vielleicht gebeten, einen Brief zu schreiben und zu formatieren oder eine Berechnung mit einem Tabellenkalkulationsprogramm zu erstellen.
Außerdem gibt es Assessment Center, bei denen Bewerber in Gruppenarbeit und einzeln bestimmte Aufgaben bekommen. Das Wort kommt aus dem Englischen – „to assess" bedeutet „bewerten, abschätzen, beurteilen".

Typische Bestandteile eines Assessment Centers

Einen allgemein gültigen Ablauf gibt es nicht, doch es gibt typische Bausteine:

- Wissenstests (Allgemeinbildung, Logiktests ...)
- Teamarbeit (Gruppenaufgaben, Teampräsentationen ...)
- Präsentationen (Konzept und Vortrag mit technischen Hilfsmitteln ...)
- Einzelinterviews

Ein Assessment Center kann ein paar Stunden oder mehrere Tage dauern. Während des AC sind Vertreter des Unternehmens anwesend – in der Regel jemand aus der Personalabteilung, eventuell auch jemand mit psychologischen Kenntnissen.

So bereiten Sie sich vor

Es gibt einschlägige Bücher und Dienstleister, mit deren Hilfe Sie sich auf ein AC vorbereiten können. Doch Vorsicht, optimale Vorbereitung bedeutet keineswegs, dass Sie „gute Antworten" auswendig lernen oder sich darüber informieren, wie man sich „so darstellt, dass man bestimmt gut ankommt".
Machen Sie sich mit möglichen Aufgaben vertraut: So können Sie anhand von Literatur oder im Internet Tests lösen oder sich auf typische Aufgaben gedanklich vorbereiten. Ein gutes Buch erklärt Ihnen die Aufgaben und worauf es ankommt, gibt Ihnen jedoch keine stereotypen „besten" Reaktionen vor.
Denken Sie immer daran, dass der gesamte Bewerbungsprozess beiden Seiten dazu dient herauszufinden, ob man zusammenarbeiten möchte. Deshalb ist es wichtig, dass Sie sich selbst treu bleiben. Zeigen Sie dem Unternehmen, wie Sie wirklich sind!
Und achten Sie natürlich im Gegenzug auch darauf, wie Sie sich fühlen: Wie sind die Unternehmensvertreter? Wie werden die Tests durchgeführt? Wie geht man miteinander um? Abgesehen von der Stelle, für die Sie sich beworben haben, erfahren Sie in einem Assessment Center auch eine Menge über sich selbst:

- Wie bin ich mit der Situation umgegangen?
- Welche Aufgaben waren neu für mich, was habe ich gelernt?
- Was war mir bereits bekannt, wo habe ich Bestätigung erhalten?
- Was würde ich im Rückblick anders machen?

Eine hilfreiche Linksammlung zu Tests im Internet finden Sie unter http://www.testedich.de.

43. Internetadressen, die weiterhelfen

www.selbstmarketing.de
Website der Autorinnen mit umfassenden Online-Tipps rund um Bewerbung und Karriere

Online-Jobbörsen

Da es hier eine sehr große Menge an Online-Stellenmärkten gibt, nennen wir stellvertretend die umfassende, kommentierte Linkliste von
www.jobrobot.de (Link „Jobsites im Internet")
Dort finden Sie Universal-Jobbörsen und auf einzelne Berufsgruppen und bestimmte Branchen spezialisierte Stellenbörsen.

www.arbeitsamt.de
Abgesehen von einer Job-Datenbank gibt es hier umfassende und nützliche Informationen zu Arbeitsamtleistungen und Berufsbildern.

Suchmaschinen/-verzeichnisse

www.google.de
www.fireball.de
www.dino-online.de
www.metager.de
www.yahoo.de

Freemail-Anbieter

Eine kostenfreie E-Mail-Adresse erhalten Sie beispielsweise bei:
www.web.de
www.yahoo.de
www.gmx.de
www.freenet.de

Messen

www.unicum.de/messe
Recruitingmesse für Studierende/Absolventen/Young Professionals

www.karrieretag.de
Recruitingveranstaltungen/nach diversen Branchen sortiert

www.auma.de
Messedatenbank online

Zeitarbeit

www.zeitarbeit-forum.de
Informationen rund um Zeitarbeit

Personalvermittlung

www.bpv-info.de
Bundesverband Personalvermittlung e. V.
Unter „Mitglieder" findet man eine Datenbank, wo man nach regionalen Gebieten und Positionen suchen kann

Berufsverbände/IHKs

Hier nur eine kleine Auswahl – bitte nutzen Sie die Suchmaschine für weitere Anlaufstellen:

www.zdh.de
Liste der Handwerkskammern in Deutschland

www.ihk.de
Viele Informationen – mit „IHK Finder«

www.bga.de
Bundesverband des Deutschen Groß- und Außenhandels e. V. (BGA)

www.einzelhandel.de
Hauptverband des Deutschen Einzelhandels e. V. (HDE)

www.BBI-online.de
Bundesverband Bekleidungsindustrie e. V. (BBI)

www.bdi-online.de
Bundesverband der Deutschen Industrie e. V. (BDI)

www.zdb.de
Zentralverband Deutsches Baugewerbe

www.zdh.de
Zentralverband des Deutschen Handwerks

www.deutschertourismusverband.de
Deutscher Tourismusverband e. V.

www.bve-online.de
Bundesvereinigung Deutsche Ernährungsindustrie e. V. (BVE)

44. Bücher, die weiterhelfen

Bücher der Autorinnen

Öttl, Christine/Härter, Gitte: *Zweite Chance Traumjob. Mehr Erfolg durch berufliche Neuorientierung*. Redline Wirtschaft, München

Öttl, Christine/Härter, Gitte: *Ich-Marketing*. Gräfe und Unzer, München

Öttl, Christine/Härter, Gitte: *Studienabbruch. So geht's weiter. Erfolgreich bewerben ohne Studienabschluss*. mvgVerlag, Landsberg am Lech

Weitere Bücher

Bolles, Richard Nelson: *Durchstarten zum Traumjob. Das Bewerbungshandbuch für Ein-/Um- und Aufsteiger*. Campus, Frankfurt/Main

Covey, Stephen R.: *Die sieben Wege zur Effektivität. Ein Konzept zur Meisterung Ihres beruflichen und privaten Lebens*. Heyne, München

Färber, Christine: *Jobwechsel*. Gräfe und Unzer, München

Hesse, Jürgen/Schrader, Hans Christian: *Assessment Center*. Eichborn Verlag, Frankfurt/Main

Herrenbrück, Erika/Hoefler, Angelika: *Warum sollen wir gerade Sie einstellen? Das Kartentraining zum Vorstellungsgespräch*. Eichborn, Frankfurt/Main

Jähnchen, Patrick: *Vorstellungsgespräche*. Gräfe und Unzer, München

Jeffers, Susan: *Selbstvertrauen gewinnen. Die Angst vor der Angst verlieren.* Kösel, München

Knackstedt, Udo: *Arbeitsverträge*. Gräfe und Unzer, München

Massow, Martin: *So finde ich den Beruf, der zu mir passt*. Econ Verlag, München

Mullins, Suzanne/Schürmann, Klaus: *Weltweit bewerben auf Englisch*. Eichborn Verlag, Frankfurt Main

Schulz von Thun, Friedemann: *Miteinander reden 1 – 3*. Rowohlt, Reinbek bei Hamburg

Vorbeck, Marion: *Image-Training*. Gräfe und Unzer, München

Hinweis

Die Beiträge in diesem Buch sind sorgfältig recherchiert und entsprechen dem aktuellen Stand.
Abweichungen, beispielsweise durch seit Drucklegung geänderte Preise, Gebühren, Anlage-Entwicklungen, Internetadressen etc., sind nicht auszuschließen.
Weder Autor noch Verlag können für eventuelle Nachteile oder Schäden, die aus den im Buch gegebenen praktischen Hinweisen resultieren, eine Haftung übernehmen.

Gräfe und Unzer Verlag, Redaktion Leben & Lernen
Grillparzerstr. 12
81675 München
E-Mail: business@graefe-und-unzer.de

Programmleitung: Steffen Haselbach
Leitende Redaktion: Anita Zellner
Redaktion: Nina Pohlmann
Lektorat: Andreas Kobschätzky
Titelfoto: The Image Bank
Umschlag und Gestaltung: independent Medien-Design, Petra Schmidt
Herstellung: Maike Harmeier
Satz: Filmsatz Schröter, München
Repro: w&co Media Services, München
Druck und Bindung: Druckerei Auer, Donauwörth

ISBN: 3-7742-5992-5

Aufl.	5	4	3	2	1
Jahr	2007	06	05	04	03

GRÄFE UND UNZER

Ein Unternehmen der
GANSKE VERLAGSGRUPPE